Alois Burkhard

Achtsamkeit – Entscheidung für einen neuen Weg

wissen & Leben

herausgegeben von Wulf Bertram

Zum Herausgeber von „Wissen & Leben":

Wulf Bertram, Dipl.-Psych. Dr. med., geb. in Soest/Westfalen. Studium der Psychologie und Soziologie in Hamburg. War nach einer Vorlesung über Neurophysiologie von der Hirnforschung so fasziniert, dass er spontan zusätzlich ein Medizinstudium begann. Zunächst Klinischer Psychologe im Univ.-Krankenhaus Hamburg-Eppendorf, nach dem Staatsexamen und der Promotion in Medizin psychiatrischer Assistenzarzt in der Provinz Arezzo/Italien und in Kaufbeuren. 1985 Lektor für medizinische Lehrbücher in einem Münchener Fachverlag, ab 1988 wissenschaftlicher Leiter des Schattauer Verlags, seit 1992 dessen verlegerischer Geschäftsführer. Ist überzeugt, dass Lernen ein Minimum an Spaß machen muss, wenn es effektiv sein soll. Aus dieser Einsicht gründete er 2009 auch die Taschenbuchreihe „Wissen & Leben", in der wissenschaftlich renommierte Autoren anspruchsvolle Themen auf unterhaltsame Weise präsentieren. Bertram hat eine Ausbildung in Gesprächs- und Verhaltenstherapie sowie in Tiefenpsychologischer Psychotherapie und ist neben seiner Verlagstätigkeit als Psychotherapeut und Coach in eigener Praxis tätig.

Alois Burkhard

Achtsamkeit – Entscheidung für einen neuen Weg

2., überarbeitete und erweiterte Auflage

In einer Bearbeitung von Juliane Stern

Mit einem Geleitwort von Martin Bohus

Schattauer BALANCE

Juliane Stern
Zentralinstitut für Seelische Gesundheit
Abteilung Klinische Rehabilitation
J 5, 68159 Mannheim
E-Mail: juliane.stern@zi-mannheim.de

Ihre Meinung zu diesem Werk ist uns wichtig!
Wir freuen uns auf Ihr Feedback unter
www.schattauer.de/feedback oder direkt über QR-Code.

Bibliografische Information der Deutschen Nationalbibliothek
Die Deutsche Nationalbibliothek verzeichnet diese Publikation in der Deutschen Nationalbibliografie; detaillierte bibliografische Daten sind im Internet über http://dnb.d-nb.de abrufbar.

E-Mail: info@schattauer.de
Internet: www.schattauer.de
Printed in Germany

Projektleitung: Ruth Becker
Lektorat: Katharina Sporns-Schollmeyer, Berlin
Umschlagabbildung: © djama, www.fotolia.com
Satz: am-productions GmbH, Wiesloch
Druck und Einband: CPI – Ebner & Spiegel, Ulm

Auch als eBook erhältlich: 978-3-7945-6937-3

ISBN 978-3-86739-110-8 (BALANCE buch + medien verlag)
ISBN 978-3-7945-3119-6 (Schattauer)

Geleitwort

Meditative Achtsamkeit meint nichts, als dass wir gezielt all unsere Aufmerksamkeit dem Strom innerer und äußerer Wahrnehmung schenken. Wir beobachten, ohne zu bewerten, wir konzentrieren uns auf diesen einen Augenblick der Wahrnehmung und begrüßen diesen Moment, so wie er ist, in all seinen Facetten. Am besten sollten wir dies täglich 20 Minuten in aller Stille praktizieren. Das klingt sehr schwierig, und das ist es auch.

Wenn es uns, oder unseren Patienten gelänge, regelhaft täglich ca. 20 Minuten zu meditieren, so würde sich denn die Wirkung der Achtsamkeit ganz von selbst entfalten: annehmende Haltung, Aufmerksamkeit für den Augenblick, wohlwollender Umgang mit sich selbst und den Dingen der Welt.

Nun, die wenigsten Therapeuten und Patienten sind in der Lage, diese hohen Ansprüche umzusetzen. Darüber kann man lamentieren oder man kann dies – ganz im Sinne der Achtsamkeit – annehmen, und das Beste daraus machen.

Marsha Linehan wählte diesen Weg. Sie dekonstruierte die verschlungenen Prozesse der Achtsamkeit in einzelne Fertigkeiten – also in Skills. Skills, das sind bewusst gewählte Kompetenzen, die eingesetzt werden, um mit akuten Problemen auch nachhaltig sinnvoll umzugehen, und um nachhaltige persönliche Ziele zu erreichen. Skills kann man benennen, man kann sie lehren und man kann sie üben. Damit werden sie zu lieben und unentbehrlichen Werkzeugen für alle, denen das Leben nicht so geschmeidig von der Hand läuft. Und das sind die meisten.

Achtsamkeit in der Psychotherapie – jenseits von der täglichen Meditation – ist also skillsbasiert. Die grundlegenden Prinzipien zu dieser skillsbasierten Achtsamkeit wurden in dem Manual „Interaktives Skillstraining für

Borderline-Patienten" von mir herausgearbeitet. Basierend auf dieser Arbeit hat Alois Burkhard in jahrelanger Patientenarbeit eine umfangreiche Sammlung von Übungen, Aphorismen und Geschichten angelegt, die diese skillsbasierte Achtsamkeit unterstützen und anreichern.

Nach dem Tod von Herrn Burkhard hat Frau Stern die Arbeitsgruppe Achtsamkeit in unserer Klinik weitergeführt und die Inhalte erweitert. Dies betrifft insbesondere die Aspekte der wohlwollenden Selbstfürsorge (loving kindness). Die nun vorliegende Neuauflage ist dahingehend bereichert und durch umfassende Übungsanleitungen sowie neue Kapitel z.B. zum Thema „Umgang mit Gefühlen" oder „Achtsamkeit im Alltag und am Arbeitsplatz" erweitert worden. Angeregt wird auch eine Verbindung zwischen Achtsamkeit, Imagination und Kunsttherapie, welche sowohl in der Arbeit mit Patienten als auch im Buch Niederschlag findet.

Prof. Dr. med. Martin Bohus
Ordinarius für Psychosomatik und Psychotherapeutische Medizin an der Ruprecht-Karls-Universität Heidelberg
Wissenschaftlicher Direktor des Instituts für Psychiatrische und Psychosomatische Psychotherapie am Zentralinstitut für Seelische Gesundheit Mannheim

Vorwort

Wie also anfangen?

Zunächst gilt es ein Vorwort für ein Buch zu schreiben, an dem ich zwar bereits mitgearbeitet habe, dessen maßgeblicher Autor, Alois Burkhard, aber 2012 verstorben ist.

Ich bin Alois in vielerlei Hinsicht dankbar. Er war ein ganz besonderer Mensch. Er hat durch seine offene, mitunter sehr direkte Art, seine wohlwollende und gebende Haltung bei seinen Freunden, seiner Familie, seinen Kollegen und nicht zuletzt seinen Patienten eine große Lücke hinterlassen.

Beim Thema Achtsamkeit war er derjenige, der mich 2006 in die Thematik eingeführt hat, mich in einer offenen und gewährenden Haltung hat hospitieren lassen. Er hat mich letztlich ermutigt, mich dem Thema Meditation anzunähern. Also habe ich in dieser Zeit erste Versuche zu meditieren gestartet, mich mehr oder weniger autodidaktisch mit Sitzmeditation auseinandergesetzt, was meist eine Überforderung war, da Unruhe und Überflutung von Gedanken mir das Leben schwer gemacht haben. Ich habe dann Retreats bei Willigis Jäger, Jon-Kabat Zinn und Saki Santorelli besucht, um eine Vertiefung zu ermöglichen – was mal mehr oder weniger erfolgreich war. Mit zunehmender Praxis trat dann gelegentlich das Gefühl auf, dass mir etwas fehlt, wenn ich nicht meditiere.

Der Abstand zwischen den dauernd auftretenden Gedanken wurde manchmal größer und es trat ansatzweise so etwas wie Stille ein. Das war eine interessante Erfahrung und eine Bestätigung, dass ich mich auf dem richtigen Weg befinde. Um meinen Patienten Achtsamkeit noch besser vermitteln zu können, habe ich dann die MBSR-Ausbildung am Odenwald-Institut gemacht.

2009 hat Alois mich eingeladen, an seinem neuen Achtsamkeitsbuch mitzuarbeiten. Er hat mir dadurch die Möglichkeit gegeben, das bereits Gelernte und die gemachten Erfahrungen an einen potenziellen Leser (viele unserer damaligen Patienten haben uns gebeten und ermutigt, dieses Buch zu schreiben) weiterzugeben. Das Buch ist von Beginn an gut angenommen worden und hat viele Leser gefunden, was für uns eine wundervolle Bestätigung war.

2012 ist Alois dann nach langer Krankheit an Krebs gestorben.

Im Sommer 2014 teilte mir der Schattauer Verlag mit, dass das Buch fast vergriffen sei und dass es eine Neuauflage geben solle, gleichzeitig mit der Anfrage, ob ich mir vorstellen könnte, das Buch zu aktualisieren und zu überarbeiten.

Alois hat mir, über seinen Tod hinaus, die Möglichkeit und die Verantwortung übertragen, das Geschriebene weiterzuentwickeln und zu aktualisieren. Ich habe mich zunächst schwer getan, ein vollendetes und sehr erfolgreiches Buch zu verändern. Nach Rücksprache mit mir vertrauten Personen, die mich unabhängig voneinander durchweg ermutigten, habe ich mich ans Werk gemacht.

Es ist für mich eine große Herausforderung, welcher ich mich hiermit stelle.

Was ist neu?

Wir brauchen immer neue Reize. Die Neuauflage wird diesem Drang nach Neuem gerecht, aber wichtig war mir auch die Vertiefung und Ergänzung von Bewährtem.

In einigen Kapiteln erschien mir eine inhaltliche Verdichtung notwendig. Um Platz für Neues zu schaffen, habe ich einiges weglassen müssen. Auf Nachfrage von vielen Lesern habe ich die Übungen übersichtlicher angeordnet und besser von den theoretischen Inhalten abgegrenzt.

Besonderen Wert habe ich auf das Ausformulieren der Übungsanleitungen gelegt, da Übende, zumindest in den

Anfängen, klare Ansagen und Strukturen brauchen, um sich nicht verloren zu fühlen.

In einigen Übungen gibt es Anleitung zur Imagination. Wichtig war mir darüber hinaus, Achtsamkeit mit Kunst- und Gestaltungstherapie kombinierbar zu machen. Falls Sie selbst künstlerisch tätig sind oder kunsttherapeutisch arbeiten, bieten die mit dem Staffelei-Symbol gekennzeichneten Übungen, Geschichten und Imaginationen eine inspirierende Basis.

Ein wesentlicher Aspekt meiner Grundhaltung ist auch der Humor, sowohl bei der Art und Weise, wie ich Übungen anleite, als auch im Umgang mit dem, was durch Übungen zu Tage tritt.

Im Buchteil „Umgang mit Gefühlen“ gab es eine deutliche Erweiterung. Ergänzend hinzugekommen sind Kapitel wie Traurigkeit, Dankbarkeit, Mitgefühl, Stolz, „das Jetzt“, Umgang mit Gedanken, Time-out-Kurzbodyscan, Achtsamkeit im Alltag und am Arbeitsplatz (z.B. Umgang mit Zwangspausen), Nicht-Bewerten, Abwarten und Teetrinken und andere.

Um Inhalte zu verdeutlichen sind einige Kapitel durch Skizzen/Zeichnungen bereichert.

Ich habe ein Faible für (zumeist buddhistische) Geschichten, Gedichte und Zitate – alles, was hilft, Inhalte zu binden und besser zu transportieren. Somit werden Sie sowohl im Bereich der Texte als auch in den Übungen häufiger mit solchen konfrontiert.

Immer wieder bin ich darauf angesprochen worden, ob es das Buch auch zum Hören gibt. Zitat von einigen Patienten: „Wir wollen endlich was für die Ohren.“ Wir bieten daher bei dieser Auflage zum ersten Mal auch Übungen online als Audiodateien an. Ebenfalls online finden Sie eine Sammlung von Fotos, die ich für die Übung zum Nicht-Bewerten selber aufgenommen habe.

Was hat mich geprägt?

- Meine eigene Achtsamkeitspraxis, die übrigens niemals fertig ist.
- Meine 2009 abgeschlossene MBSR-Ausbildung, sowie die Begegnung mit Jon Kabat-Zinn.
- 2013 konnte ich in unserer Klinik je eine Woche an Workshops zum Thema ACT (Acceptance und Committment Therapy) mit Prof. Eifert und 2014 an einem Workshop mit Prof. Paul Gilbert zum Thema Compassion teilnehmen. Beides hat mich sehr beeindruckt und fand Niederschlag in meiner Achtsamkeitsarbeit mit Patienten in der Klinik. Dem Thema Mitgefühl/Compassion habe ich somit im Text, in den Übungen und bezüglich der gesamten Grundhaltung Platz eingeräumt.
- Die Verbindung Achtsamkeit, DBT-Konzept (Dialektisch-Behaviorale Therapie) und Kunsttherapie.
- Maßgeblich geprägt, zensiert und vor allem auch bereichert sind Übungen und Text durch die Rückmeldung meiner Patientinnen und Patienten.

Wichtig war mir, den Charakter eines Arbeitshandbuches in den Vordergrund zu stellen. Ein Arbeitshandbuch, welches interessierte Laien zum Lesen und nicht zuletzt auch zum Üben einlädt. Aber auch ein Handbuch für Therapeuten, welches die Anleitung von Patienten in der Praxis erleichtert und auch Hintergrundwissen vermittelt. Es ist so aufgebaut, dass sich die einzelnen Fragmente ergänzen. Dem Leser ist es somit möglich, sowohl einzelne Kapitel, die ihm vielleicht zum gegenwärtigen Zeitpunkt interessant scheinen, herauszupicken, als auch das Gesamtwerk zu lesen, um sein Verständnis für Achtsamkeit zu vertiefen.

Danksagung

Dankbar bin ich vielen für vieles.

Dank sagen möchte ich dem Schattauer Verlag, meinen Lektorinnen Ruth Becker und Katharina Sporns-Schollmeyer für ihre freundliche, zugewandte und geduldige Art und ihre guten Ideen. Besonderer Dank gilt Martin Bohus, ohne den dieses Buch nicht möglich gewesen wäre, und der mich unter anderen ermutigt hat, diese Überarbeitung in Angriff zu nehmen.

Besonderen Dank auch an Lothar Steiger, der mich im Hintergrund und im Vordergrund maßgeblich unterstützt, ermutigt, ausgehalten und entlastet hat.

Ebenso gilt mein Dank meiner Tochter Franzi, die ein wunderbarer Mensch ist.

Danken möchte ich auch Eva Wagner, Alexander Rossa, Anni Herzog und Petra Schneider, mit denen ich die Achtsamkeitspraxis im Zentralinstitut für Seelische Gesundheit in Mannheim teile und lebendig halte.

Und ganz besonders großen Dank an meine Patienten, die mich immer wieder wohlwollend und kritisch bezüglich der Methode herausfordern und deren Rückmeldung ich sehr schätze.

Dank sagen möchte ich außerdem Viktor Fechter, Anke Jarisch, Alexandra Kaczanowski, Wolfgang Reißer, Melanie Weinkötz und Sabrina Lieser, die Lust und den Mut hatten, sich gestalterisch in Form von Skizzen, Zeichnungen und Bearbeitung einzubringen, was eine echte Bereicherung für das Buch ist.

Mannheim, im Juli 2015 **Juliane Stern**

Inhalt

Die Audiodateien zu den Übungen

Auf vielfachen Leserwunsch stellen wir einige der Übungen nun auch als Audiodateien online zur Verfügung. So können Sie das Buch aus der Hand legen und sich ganz auf die Durchführung der Übung konzentrieren.

Folgende Übungen finden Sie auf unserer Seite www.schattauer.de/3119.html zum Download:

Sprecher: Daniel Wandelt
Produktion: audiobook-hoerbuch-produktion.de

Ebenfalls unter www.schattauer.de/3119.html haben wir eine Auswahl an Bildern bereitgestellt, die sich sehr gut für die beliebte Übung zum Nichtbewerten eignen. Eine Anleitung zu dieser Übung finden Sie im Buch auf S. 75.

Entscheidung für einen neuen Weg

Jeder Weg ist nur ein Weg
und es ist kein Verstoß gegen
sich selbst oder andere
ihn aufzugeben,
wenn dein Herz es dir befiehlt.
Sieh Dir jeden Weg scharf und genau an.
Versuche ihn so oft wie nötig.
Dann frage Dich, nur Dich allein …
Ist es ein Weg mit Herz?
Wenn ja, dann ist es ein guter Weg;
Wenn nicht, dann ist er nutzlos.

Carlos Castaneda, 1997, Die Lehren des Don Juan.
Aus dem Amerikanischen von Céline und Heiner Bastian.

Alois Burkhard machte mich vor vielen Jahren auf dieses Gedicht aufmerksam. Es hängt bei mir zu Hause gerahmt an der Wand und hat sich in meinem Leben schon mehrfach als sehr hilfreich erwiesen.
Bei vielen Fragestellungen und Entscheidungen im Leben ist es eben durchaus wichtig, die Aufmerksamkeit nach innen zu richten und mit der eigenen inneren Weisheit in Kontakt zu kommen. Die meisten Menschen vertrauen anderen Autoritäten, bevor sie sich selbst fragen und mit dem eigenen Herzen antworten. Aber woher kann ein anderer Mensch besser wissen, was gut für jemanden ist?
Häufig höre ich Aussagen wie: „Ich weiß nicht, was ich will. Ich kann mich nicht entscheiden. Es sind zu 50 Prozent ja und zu 50 Prozent nein". Dann ermutige ich die Betroffenen, sich zurückzuziehen, um sich in ihrem Inneren auf die Suche zu machen. Eine leichte Tendenz ist meistens zu erkennen und zu erspüren. Manches Mal sind es 80 zu 20 Prozent. Bei 49 zu 51 Prozent ist immerhin eine Richtung erkennbar. Diese Tendenz ist genau das, was für uns

gut wäre. Das Problem ist, dass wir verlernt haben, unsere inneren, häufig richtungsweisenden, Signale wahrzunehmen. Wir neigen dazu, sie zu übergehen. Man kann sich bestimmte Fragen eigentlich nicht stellen, ohne eine Antwort wenigstens zu erahnen.

Besser werden im Fühlen

Bezüglich unserer eigenen Gesundheit ist es häufig so, dass wir erst dann reagieren, wenn unser Körper uns quasi anschreit. Dann haben wir schon Symptome oder Krankheiten entwickelt.

Achtsamkeitsübungen sind nicht in erster Linie dafür gedacht, sich besser zu fühlen, sondern besser zu werden im Fühlen! Sekundär tritt, nach längerem Üben, Entspannung und mehr Ruhe ein, mehr Distanz zu immer wiederkehrenden, manchmal quälenden Gedanken und Gefühlen. Die Fähigkeit, achtsam mit sich und der Umwelt umzugehen, ist häufig verloren gegangen oder wurde noch nicht erlernt. Es gilt zunächst, sich für diese Grundhaltung zu entscheiden, sie etwas zu kultivieren und ihr Platz im eigenen Leben einzuräumen.

Anfangs ist es wichtig, keinen Leistungsdruck aufzubauen. Bei allem, was man besonders gut machen will, ist man schnell auch nicht gut genug. Das betrifft ebenso das achtsame Üben und Meditieren. Durch das Üben wird man sich des gegenwärtigen Erlebens gewahr. Man kann damit arbeiten, um langfristig die eigene Lebenseinstellung zu überprüfen. Es bietet weiterhin die Chance, sich über die eigenen Werten klar zu werden.

Desiderata

„Desiderata“ ist ein Text, in welchem sich sämtliche Grundhaltungen der Meditation wiederfinden: Geduld, Loslassen, Vertrauen, Akzeptanz und so weiter. Er wurde 1927 von Max Ehrmann geschrieben. Die Menschen beschäftigen sich seit Jahrtausenden mit dem Sinn des Lebens und der Frage, wie man leben soll. Das zieht sich durch alle Religionen und Regionen. Dieser Text taucht über Umwege sehr häufig auf und trifft die Dinge im Kern.

„Gehe ruhig und gelassen durch Lärm und Hast und sei des Friedens eingedenk, den die Stille bergen kann. Stehe – soweit ohne Selbstaufgabe möglich – in freundlicher Beziehung zu allen Menschen. Äußere deine Wahrheit ruhig und klar und höre anderen zu, auch den Geistlosen und Unwissenden, auch sie haben ihre Geschichte. Meide laute und aggressive Menschen, sie sind eine Qual für den Geist. Wenn du dich mit anderen vergleichst, könntest du bitter werden und dir nichtig vorkommen, denn immer wird es jemanden geben, größer oder geringer als du. Freue dich deiner eigenen Leistungen wie auch deiner Pläne. Bleibe weiter an deiner eigenen Laufbahn interessiert, wie bescheiden auch immer.
Sie ist ein echter Besitz im wechselnden Glück der Zeiten. In deinen geschäftlichen Angelegenheiten lass Vorsicht walten, denn die Welt ist voller Betrug. Aber dies soll dich nicht blind machen gegen gleichermaßen vorhandene Rechtschaffenheit. Viele Menschen ringen um hohe Ideale, und überall ist das Leben voller Heldentum. Sei du selbst, vor allen Dingen heuchle keine Zuneigung. Noch sei zynisch, was die Liebe betrifft, denn auch im Angesicht aller Dürre und Enttäuschung ist sie doch immerwährend wie Gras.
Ertrage freundlich gelassen den Ratschluss der Jahre und gib die Dinge der Jugend mit Grazie auf.
Stärke die Kraft des Geistes, damit sie dich in plötzlich hereinbrechendem Unglück schütze. Aber beunruhige dich nicht mit Einbildungen. Viele Befürchtungen sind Folge von Erschöpfung und Einsamkeit. Bei einem heilsamen Maß an Selbstdisziplin sei gut zu dir selbst.

Du bist ein Kind des Universums, nicht weniger als die Bäume und die Sterne und du hast ein Recht hier zu sein. Und ob es dir nun bewusst ist oder nicht: Zweifellos entfaltet sich das Universum wie vorgesehen. Darum lebe in Frieden mit Gott, was für eine Vorstellung du auch von ihm hast und was immer dein Mühen und Sehnen ist. In der lärmenden Wirrnis des Lebens erhalte dir den Frieden mit deiner Seele. Trotz all ihrem Schein, der Plackerei und den zerbrochenen Träumen ist diese Welt doch wunderschön. Sei vorsichtig. Strebe danach glücklich zu sein."

Max Ehrmann

Achtsamkeit

Warum Achtsamkeit?

Achtsamkeit scheint nach wie vor ein großes Thema zu sein, mit dem sich immer mehr Menschen beschäftigen. Die Anforderungen an den Einzelnen steigen, der Druck im Arbeits- und Freizeitbereich nimmt zu, die Anzahl der Menschen mit psychischen Erkrankungen hat einen Höchststand erreicht. Während auf der einen Seite ein Überangebot an Ablenkungen besteht – Fernsehen, Internet, Handy, Computerspiele, Chatrooms –, waren auf der anderen Seite noch nie so viele Menschen so einsam.
Die Tendenz in der Gesellschaft ist es, immer mehr und möglichst gleichzeitig in immer kürzerer Zeit zu erledigen. Multitasking ist angesagt. Wenn man bedenkt, welche „To go"-Produkte auf dem Markt sind, zeigt dies eine weitere Tendenz auf, Dinge nebenbei zu erledigen. Ähnliche Phänomene sieht man bei Menschen, die vieles gleichzeitig machen: essen, lesen, Radio hören oder Auto fahren, Radio hören, telefonieren und vieles mehr.
In mancherlei Hinsicht ist die Fähigkeit zum Multitasking ja auch notwendig, um effektiv und erfolgreich zu sein. Die Gefahr besteht allerdings, dieses Muster auf fast alle Lebensbereiche zu übertragen. Manchmal geschieht dies in dem irrwitzigen Glauben, Zeit zu sparen. Aber seien Sie mal ehrlich: Wenn wir uns beeilen, um Zeit zu sparen, was machen wir eigentlich mit der gewonnenen Zeit? Wir füllen sie erneut mit anderen Dingen. Was nicht eintritt, ist ein Gefühl von Ruhe oder gar Stille, obwohl bei den meisten Menschen eine große Sehnsucht danach besteht.
Es ist schon verrückt, dass das Wort Entschleunigung, der Neologismus von Beschleunigung, in der Sprachentwicklung erst viel später (in den 70er-Jahren) entstanden ist. Wir sind häufig „online" im Außen, in Kontakt mit anderen Menschen. In Bezug auf unsere eigene Person sind wir häufig „offline". Dies führt dazu, dass wir Genuss weniger

intensiv erleben können und nicht rechtzeitig wahrnehmen, wie es emotional, gedanklich und auch körperlich um uns gestellt ist. Wir funktionieren in einer Art Autopilot. Durch Entschleunigung und Achtsamkeit können wir aus dem Autopilotendasein aussteigen. Wir können lernen, was gerade stattfindet, wirklich zu erleben. An dieser Stelle sollte klargestellt werden, dass es nicht darum geht, ausschließlich im Augenblick zu verweilen und nach dem Motto „ist mir alles egal" zu leben. Es ist natürlich und wichtig, dass wir unsere Fähigkeiten, Pläne zu schmieden, Ziele zu definieren und für Künftiges Vorsorge zu treffen, nutzen. Die Auseinandersetzung mit dem Thema Achtsamkeit ist die Chance, eine Balance zwischen beidem zu finden.

„Die Vergangenheit ist schon vorbei, die Zukunft noch nicht eingetreten, die Gegenwart ist das Einzige, was wir wirklich zur Verfügung haben, um uns lebendig zu fühlen."

Jon Kabat-Zinn

Bevor Sie dieses Buch lesen, um sich theoretisch und praktisch mit dem Thema Achtsamkeit zu befassen oder es zu vertiefen, ermutige ich Sie, die folgenden Fragen auf einem Zettel schriftlich so ehrlich und genau wie möglich zu beantworten. Ich finde es wichtig, sich vor dem Lesen oder/und Üben mit Erwartungshaltungen, Wünschen oder aber Bedenken auseinanderzusetzen.

- Wie achtsam bin ich wirklich bei dem, was ich gegenwärtig tue?
- Was genau glaube ich durch Achtsamkeit zu erreichen?
- Welchen Stellenwert kann Achtsamkeit in meinem Leben einnehmen?
- Was möchte ich in welchen Lebensbereichen verändern?
- Wie offen bin ich wirklich?
- Wie bereit bin ich zum Üben?

Anschließend können Sie die Antworten in einen Umschlag stecken und zukleben. Bewahren Sie den Umschlag an einem Ort auf, welchen Sie sich achtsam merken.
Für die Zeit des Lesens und Übens sollten Sie sich nicht anstrengen, die aufgeschriebenen Ziele unbedingt zu erreichen. Versuchen Sie, sich so offen wie möglich auf die folgenden Kapitel und Übungen einzulassen. Wenn Patienten sagen: „Ich kann das nicht", antwortet Marsha Linehan sinngemäß, dass das stimmt, doch Üben heißt, dass man es *noch* nicht kann, aber man kann daran arbeiten. Und daran arbeiten erfordert wiederum eine innere Bereitschaft, also eine „Entscheidung für einen neuen Weg"!

Was lernt man durch Achtsamkeit?

In DBT-Kliniken (DBT = Dialektisch-Behaviorale Therapie) gehört die tägliche Meditation mittlerweile zum „Pflichtprogramm". Anfangs erscheint es den Klienten bizarr, dass man durch Achtsamkeitsmeditation etwas „erreichen" kann. Im Verlauf der Therapie und durch zunehmende Praxis wird das tägliche Üben zur Gewohnheit und gehört nach einigen Tagen wie selbstverständlich dazu. Achtsamkeit ist die Basis aller Fertigkeiten, um mit Stresssituationen besser umgehen zu können.
Achtsamkeitsübungen senken den körperlichen und seelischen Stress, unter dem viele Menschen leiden. Zahlreiche Studien haben die Wirksamkeit von Achtsamkeit erwiesen. Die meisten Studien zum Thema hat Professor Jon Kabat-Zinn veröffentlicht. Die ersten Erfolge mit der Achtsamkeitsmeditation stellen sich nach fünf bis acht Wochen ein. Spürbar ist ein Effekt dann, wenn wir selbst bemerken, dass wir weder achtsam gehen, noch essen, noch atmen. Am besten beginnt man mit ganz einfachen Übungen, wie zum Beispiel der Konzentration auf den Atem.

Den Atem bezeichnet man in der Meditation als neutrales Meditationsobjekt, wobei der Ausdruck neutral ja nicht ganz richtig ist, denn wenn wir sehr erregt sind und körperlich unter Anspannung stehen, verändert sich der Atem unbewusst auch. Bei der Meditation geht es darum, starke Emotionen zu verlassen und sich auf den Atem oder die fünf Sinne zu konzentrieren. Wenn man anfängt, sich auf den Atem zu konzentrieren, stellt man allerdings sofort fest, dass Ablenkung und Unaufmerksamkeit ständige Hürden sind. Der Atem bringt uns zu Bewusstsein, dass es praktisch kaum Momente in unserem Leben gibt, die nicht von geistiger Aktivität überlagert werden. Wir wühlen ständig in einer Anhäufung vergangener Gedanken, Gefühle und Körperempfindungen herum, ohne uns dessen bewusst zu sein. Daher bringen es Achtsamkeitsübungen mit sich, dass wir unseren Kopf von unnötigem Ballast entrümpeln. Dies führt längerfristig zu Ruhe und Gelassenheit, später zu Gleichmut – nicht zu verwechseln mit Gleichgültigkeit. Wenn wir eine ganze Weile alles so annehmen, wie es ist, angenehm oder unangenehm, schlecht, doof, hässlich, gut, weniger gut, und dann lernen, mit diesen Begriffen zu arbeiten, sehen wir unser Leben mit anderen Augen. Das Leben selbst ist ein ständiges Übungsfeld geworden und wir sind uns nun dessen bewusst. Die meisten Menschen meditieren, wenn es ihnen schlecht geht, sie nach Entspannung suchen oder um einen besonderen Zustand zu erfahren, manchmal auch um Stress und Schmerzen loszuwerden. Wenn Sie mit diesen Erwartungen herangehen, geraten Sie nur wieder unter Stress. Es geht um das Loslassen aller Erwartungen. Wenn wir den Wunsch loslassen, dass doch bitteschön jetzt sofort oder recht bald alles anders werden soll, haben wir einen wichtigen Schritt getan. Wie Jon Kabat-Zinn sagt „Wenn wir also in der Meditationspraxis irgendwohin gelangen wollen, sollten wir aufhören, irgendwohin gelangen zu wollen."

Worauf ist beim Üben zu achten?

Besonders wichtig ist es, die Übungen nicht nur zu lesen, sondern sie auch zu machen. Mit Achtsamkeit ist es ähnlich wie mit Fahrradfahren, durch Lesen alleine kann man es nicht wirklich lernen, beides geht nur durch praktisches Tun, Übung, eine gute Portion Disziplin und auch Humor. Viele sagen: „Ich habe keine Zeit, täglich 3, 5, 10 oder gar 20 Minuten zu üben." Aber man braucht ein gewisses Maß an Selbstverantwortung, damit Achtsamkeit im eigenen Leben stattfinden kann.
Bücher servieren die Inhalte eines achtsamen Lebens quasi auf einem Silbertablett, davon nehmen, essen und verdauen muss man selbst. Wichtig ist regelmäßiges Üben. Hierzu gibt es viele Studien, die messbar belegen, dass regelmäßiges Üben von Achtsamkeit im Körper „ankommt". Während meiner Ausbildung zur MBSR-Therapeutin (MBSR = Mindfulness-based stress reduction, Stressreduktion durch Achtsamkeit) brachte uns Ullrich Ott (Neurowissenschaftler) den Stand der Forschung zu diesem Thema nahe. In seinem Buch „Meditation für Skeptiker" geht er ausführlich darauf ein und zeigt auf, inwieweit es gelingt, durch Achtsamkeitsmeditation das Bewusstsein zu erweitern und sich von eingefahrenen Denkmustern und Verhaltensweisen zu lösen. Beeindruckend ist, um es nur kurz zusammenzufassen, dass Meditation im Gehirn wie ein Jungbrunnen wirkt. Sie bewirkt Veränderungen in Gehirnarealen, welche für Aufmerksamkeit, Konzentration, Erinnerung und die Gefühlsregulation wichtig sind. Ebenso nachweislich hat Meditation positiven Einfluss auf die biologischen Abläufe im Körper. Somit kann durch regelmäßige Meditationspraxis der Blutdruck gesenkt werden. Sie hat auch positive Auswirkungen auf das Immunsystem und das Schmerzempfinden. Dies sei hier aber nur am Rande erwähnt, dazu gibt es spezifische Literatur.

Üben Sie anfangs am besten in Zeiten, in denen Sie emotional nicht belastet sind. Unser Gehirn kann nur lernen, wenn wir uns nicht im Hochspannungs- oder Stressmodus befinden, also beispielsweise nicht sehr traurig oder aber wütend sind. Gelerntes kann nur so verinnerlicht werden. Wenn Sie Schwimmen lernen wollen, ist es ja auch besser, wenn Sie nicht gerade aufgeregt sind, das Wasser angenehm temperiert und ohne Wellengang ist. Wenn man das Schwimmen erst einmal beherrscht, kann man auch in kaltem und welligem Wasser schwimmen.
Üben Sie anfangs an einem Ort, an welchem Sie ungestört sind und sich wohlfühlen können. Mit etwas Erfahrung lässt sich überall üben. Wenn wir die Übungen verinnerlicht und die Erfahrung gemacht haben, wie hilfreich Achtsamkeit im Alltag ist, können wir auch in Zeiten von emotionaler Belastung, Unruhe oder Schmerzen darauf zurückgreifen. Das Üben wird zu einem Verbündeten und kann helfen, sich zu beruhigen und zu distanzieren.
Ich habe versucht, die Übungen nach einem relativ ähnlichen, festen Ablauf zu gestalten, so wie ich sie auch zumeist in den Achtsamkeits- und MBSR-Gruppen anleite. Wichtig war mir, die Übungen etwas zu ritualisieren, denn Rituale sind bekanntermaßen handlungsentlastend.
Die Übungen werden im Verlauf des Buches durchgängig mit einem Klangschalensymbol

eingeleitet und auch wieder beendet.
Wenn Sie sich nach dem ersten Lesen dazu entschieden haben, diese Übung durchzuführen, schließen Sie nach dem einleitenden Klangschalensymbol zunächst die Augen, wenn Ihnen das angenehm ist, oder schauen Sie mit weichem Blick auf einen Punkt vor sich auf dem Boden. Richten Sie Ihre Aufmerksamkeit zunächst wertfrei auf die Geräusche, die an Ihr Ohr gelangen. Wichtig ist, dass Sie alles, was Sie hören, so konzentriert wie möglich zur Kenntnis nehmen, ohne sich stören zu lassen und ohne etwas anders zu wünschen.

Richten Sie dann die Aufmerksamkeit nach innen und spüren Sie, wie der Atem in den Körper ein- und ausströmt. Versuchen Sie, den Atem nicht zu verändern. Spüren Sie den Atemrhythmus so, wie er gegenwärtig ist. Nehmen Sie einfach nur wahr, ohne Einfluss zu nehmen, mit einer offenen, freundlichen Haltung ohne Anstrengung.

Um sich an die freundliche Haltung zu gewöhnen, hilft ein leichtes Lächeln. Zaubern Sie es auf Ihr Gesicht, unabhängig davon, ob Sie im gegenwärtigen Moment gerade Freude empfinden oder nicht. Versuchen Sie es einfach. Ziehen Sie dazu die Mundwinkel leicht nach oben. Das Lächeln kann auch so leicht sein, dass man es von außen gerade nicht sieht, also kein maskenhaftes Grinsen. Es braucht ein wenig Übung, aber vor allem die Bereitschaft, es einfach mal zu probieren und zu beobachten, wie es sich anfühlt. Man ertappt sich vielfach dabei, dass die Gesichtsmuskeln sorgenvoll angespannt sind und der Gesichtsausdruck verhärtet ist. Durch das sogenannte Halblächeln lockern sich die Gesichtsmuskeln deutlich, was sich auch auf unsere innere Haltung und wie wir Dinge wahrnehmen und erleben, auswirkt. Je länger Sie das Lächeln bewahren können, umso besser.

Erinnern Sie sich beim Üben daran, eine freundliche, mitfühlende Grundhaltung einzunehmen und diese immer wieder mit in Ihren Fokus aufzunehmen.

Dann widmen Sie sich mit Ihrer Aufmerksamkeit den jeweiligen Inhalten der beschriebenen Übungen. Am Ende jeder Übung richten Sie Ihre Aufmerksamkeit erneut auf den Atem, um diese gut abzuschließen.

Also lassen Sie sich nicht entmutigen, sondern experimentieren Sie mit den Inhalten, den Übungen, den Geschichten und natürlich auch den gemachten Erfahrungen.

Üben heißt, sich immer wieder zu erlauben, neue Erfahrungen zu machen. Manches läuft ganz anders als befürchtet, aber auch anders als gewünscht. Im gegenwärtigen Tun findet man heraus, wie es sich gerade anfühlt. Versuchen Sie, sowohl Humor als auch Geduld mitzubringen, denn Sie werden mehrfach in Kontakt kommen mit Dingen und Verhaltensmustern, welche Sie eventuell nicht an sich mögen. Auch denen gilt es, neugierig, offen und mit einer freundlich annehmenden Haltung zu begegnen. Begegnen kann man nur etwas, was sowieso schon da ist, auch wenn wir manchmal so tun als wäre es anders.

„Alte Wege öffnen keine neuen Türen …"

Das ist ein Zitat eines Patienten. Auch so hätte der Titel des Buches lauten können. Aber sich für einen neuen Weg zu entscheiden bedeutet, sich aus der Passivität zu bewegen. Bei jeder Veränderung, die eine Person anstrebt, ist eine „Entscheidung für einen neuen Weg" die Voraussetzung für den Erfolg. Dies ist mit Gewinn und auch Verlust verbunden, denn der neue Weg ist gleichzeitig eine Entscheidung gegen den alten Weg.
Ohne die bewusste „Entscheidung für einen neuen Weg" bleibt meistens eine Hintertür offen, durch die Sie, wenn es schwierig wird, möglicherweise auf den alten Weg zurückkehren. Sicherlich ist es notwendig, sich mehrmals für den neuen Weg zu entscheiden. Vielleicht jeden Tag oder jede Stunde. Doch das ist die Voraussetzung für Ihren Erfolg in der Therapie und im eigenen Leben.
Aber machen wir uns nichts vor. Es ist nicht leicht, denn der alte Weg, mit wie viel Leid auch immer er verbunden war, ist uns bekannt. Dadurch löst er nicht so viel Angst aus wie ein neuer Weg. Wir stehen immer wieder vor der Frage, ob der vertraute alte Weg tragfähig für unser Leben ist. Es geht darum, Verantwortung für das eigene Leben zu übernehmen und sich für einen neuen Weg bewusst zu entscheiden. Diesen kann man nur in kleinen Schritten, „step by step" gehen.

Wenn meine Einsamkeit ein Problem für mich war und ich in einsamen Stunden viel Alkohol getrunken habe, kann ein Plan sein, sich in dieser Situation gezielt zu beschäftigen, um sich abzulenken. Das wäre ein erster Schritt. Wenn schnell hochschießende Emotionen ein Problem für mich waren, kann ein neuer Weg sein, Fertigkeiten zur Gefühlskontrolle zu erlernen und auch anzuwenden. Um beispielsweise mit Wut besser umzugehen, ist es notwendig, sich aktiv aus der Situation herauszubegeben und dann Sport zu machen. Wenn ich bislang zu viel gearbeitet habe, vielleicht noch zusätzlich Projekte annehme und anstrengende Hobbys habe, wäre ein neuer Weg, etwas wegzulassen oder für Pausen zu sorgen.
Sich für einen neuen Weg entscheiden, kann auch heißen, sich mehr mit dem Gegenwärtigen zu befassen und dem Jetzt in all seinen Qualitäten zu begegnen.

Das Jetzt

Im Rahmen meiner Achtsamkeitsarbeit habe ich immer wieder gute Erfahrungen mit folgender buddhistischen Geschichte gemacht. Sie lautet so:

Tigergeschichte zum Jetzt

Ein buddhistischer Mönch ist auf der Flucht vor einem hungrigen Tiger. Er rennt um sein Leben und kommt an einen tiefen Abgrund. Springen wäre zu gefährlich, also entscheidet er sich für das Herunterklettern, was mühselig ist.
Auf halber Höhe richtet er seinen Blick nach unten und entdeckt dort ebenfalls einen hungrigen Tiger. Sein Blick wandert von dem hungrigen Tiger, welcher sich über ihm befindet, zu dem hungrigen Tiger unter ihm. Er ist sehr verzweifelt, zumal er bemerkt, dass der Strauch, an dem er sich festhält, auch nicht der Stabilste ist.
In seiner Verzweiflung dreht er seinen Kopf nach rechts. Er entdeckt direkt neben sich eine große, reife Erdbeere *und* isst sie mit Genuss!

Übung zur Tigergeschichte

Nachdem Sie diese Geschichte nun gehört oder gelesen haben, nehmen Sie sich einige Minuten Zeit.
Atmen Sie in aller Stille, mit allem, was auftaucht: Gedanken, Gefühlen, gegebenenfalls Widerständen.
Was genau geht Ihnen durch den Kopf?
Falls Sie Gefühle entweder erinnern oder diese gerade in diesem Moment spüren, versuchen Sie diese in Ihrem Körper zu lokalisieren.
Wo genau können Sie welche Körperempfindung (z. B. Kloß im Hals, Herzrasen, Druck in der Brust) spüren?

Versuchen Sie, neugierig zu sein, nichts zu beschönigen oder anders zu wünschen.
Nehmen Sie bewusst wahr, was diese Geschichte zum Thema Jetzt in Ihnen bewirkt und bewegt.
Machen Sie sich klar, dass es sich um eine schon sehr alte Geschichte handelt, die schon von sehr vielen Menschen gelesen oder gehört wurde. 

Nach dem Hören dieser Geschichte und der anschließenden Übung werden häufig folgende Kommentare geäußert:

- Warum sollte der Mönch die Erdbeere überhaupt noch essen, eine Henkersmahlzeit?
- Er kann doch machen, was er will, er wird sowieso gefressen.
- Das bringt doch alles nichts mehr, dann lieber gleich aufgeben.

Aber die Frage ist doch:

- Warum gehen wir so schnell vom Schlimmsten aus?
- Wer kann schon wissen, wie die Geschichte weitergeht?

Tatsache ist, dass der Mönch plötzlich etwas Ungeahntes entdecken konnte, und das nur, weil er die Richtung, in welche er üblicherweise schaute, geändert hat.
Tatsache ist auch, dass er das Entdeckte mit Genuss (ohne sich über Zukünftiges oder Vergangenes zu sorgen) zu sich nahm.
Auf die Frage „Wie könnte die Geschichte denn noch enden?“ entwickeln sich nach anfänglich hartnäckigen Widerständen erstaunliche Fantasien, welche, wenn wir den Blick ausschließlich auf das Schwierige richten, niemals in unser Bewusstsein träten. Hier nur einige Beispiele, falls auch Sie sich schwer tun:

- die Erdbeere ist so groß, dass er sich noch lange davon nähren kann,
- der Tiger (oben und/oder unten) langweilt sich und hat keine Lust mehr, auf seine Beute zu warten,
- der Mönch ist durch die Erdbeere so gestärkt, dass er den Berg waagrecht weiter erklettert,
- der obere Tiger stürzt aufgrund seiner Gier zu Tode,
- hinter der Erdbeere ist eine gemütliche Höhle mit einer Prinzessin und vieles mehr.

Wichtig ist hier eigentlich nur, sich auf Gegenwärtiges einzulassen, sich also klar zu machen, dass der Augenblick an sich eher selten gefährlich ist. Er ist zumeist in Ordnung. Er bietet mehr Chancen als Gefahren. Er hält meist mehr Genuss und Erlebnismöglichkeiten bereit als erwartet. Dramatisch und prägend sind vor allem unsere auf die Zukunft gerichteten Befürchtungen und die Erinnerung an Zurückliegendes. Beides hat viel Macht über uns und „saugt“ unglaublich viel Energie.
Es gilt, den Blick zu lenken auf das, was da ist. Man sollte sich nicht schon vorher fürchten oder meinen zu wissen, wie etwas sein wird. Man kann erst durch das „Tun“ die Erfahrungen machen, die der gegenwärtige Moment bietet.

Achtsamkeit im Alltag

Halten Sie Ausschau nach den „Erdbeeren“ der Gegenwart. Überprüfen Sie im eigenen Leben, ob es welche gibt, die Sie bislang übersehen haben. Manchmal hat man diesen „Erdbeeren“ noch keine oder nicht genügend Aufmerksamkeit geschenkt. Sie können die Aufmerksamkeit ausrichten und auch mal neben den üblichen Denkmustern schauen, ob und – wenn – was es zu erleben gibt.

Anekdote aus dem Alltag

Ich hatte letzten Sommer ein Aha-Erlebnis: Es war schon mehrere Tage sehr heiß, über 30 °C, und schwül (nicht gerade meine Wohlfühltemperatur). Die zu erwartende Tagestemperatur belief sich auf 35 °C. Ich fuhr mit der Bahn zur Arbeit und war sehr gequält bei der Vorstellung der bevorstehenden Hitze und litt so vor mich hin. Dann erst bemerkte ich, dass ich mich in einem angenehm klimatisierten Zug befand, mich aber so verhielt, als sei es auch gegenwärtig schon heiß. Als mir dies auffiel, musste ich schmunzeln, da mir dies auch schon in anderen Situationen begegnet ist: sich „prophylaktisch" aufregen und nicht wahrnehmen, was gegenwärtig wirklich stattfindet.

Achtsamkeit im Sanskrit

Achte gut auf diesen Tag,
denn er ist das Leben.
Das Leben allen Lebens.
In seinem kurzen Ablauf
liegt alle Wirklichkeit und Wahrheit
des Daseins.
Die Wonne des Wachsens,
die Größe der Tat
und die Herrlichkeit der Kraft.
Denn das Gestern ist nichts als ein Traum
und das Morgen nur eine Vision.
Das Heute jedoch – recht gelebt –
macht jedes Gestern zu einem
Traum voller Glück
und jedes Morgen zu einer
Vision voller Hoffnung.
Drum achte gut auf diesen Tag.

Text aus dem Sanskrit

Wenn Sie den obigen Text gelesen haben, nehmen Sie eine aufrechte Sitzposition ein. Atmen Sie einige Male tief ein und aus. Denken Sie über den Inhalt dieser Worte nach. Machen Sie sich klar, dass es nur das „Heute“ wirklich gibt. Gestern ist vorbei und Morgen noch nicht eingetreten. Bleiben Sie noch einige Minuten bei auftauchenden Gedanken und Gefühlen und widmen sich dann langsam, mit einer freundlichen Einstimmung dem vor Ihnen liegenden Tag.

Eine Geschichte zum „Nicht-Greifen“

Es heißt, dass die Inder sich in einigen ländlichen Regionen noch der gleichen geschickten Methode beim Affenfang bedienen wie früher. Sie schneiden in das eine Ende einer Kokosnuss eine Öffnung, gerade groß genug für eine Affenhand, bohren zwei Löcher in das andere Ende, ziehen einen Draht hindurch und befestigen die Kokosnuss an dem Baum, auf dem der Affe sitzt, den sie fangen möchten. Dann schieben sie eine Banane in die Kokosnuss und verstecken sich. Der neugierige Affe kommt alsbald vom Baum, steckt die Hand in die Kokosnuss, fühlt die Banane und packt sie. Das Loch ist so beschaffen, dass die schmale, ausgestreckte Affenhand zwar hineinpasst, die zur Faust geballte Hand samt Banane aber nicht mehr herausgezogen werden kann. Der Affe brauchte die Banane nur loszulassen, um wieder frei zu sein, aber die meisten Affen schaffen es einfach nicht, ihre Beute freizugeben.

Nachdem Sie diese kurze Geschichte gelesen oder gehört haben, nehmen Sie sich einige Minuten Zeit und öffnen Sie sich in Stille den auftauchenden Gedanken und Gefühlen. Was und wie viel gibt es in Ihrem Leben, wonach Sie greifen, obwohl Sie wissen, dass es Ihnen nicht

gut tut oder Sie es vielleicht gar nicht haben können, ohne sich selbst zu schaden. Wie groß ist die Bereitschaft oder die Fähigkeit, wenn Sie dies erkennen, nach diesen Dingen nicht zu greifen? Wie gehen Sie damit um, falls dies bereits eingetreten ist? Üben Sie sich im Loslassen?
Versuchen Sie, sich vor Ihrem inneren Auge vorzustellen, wie der Affe, der die Banane unbedingt haben will, diese jetzt loslässt. Tun Sie dies ruhig mehrfach. Bleiben Sie in Ihrer Vorstellung sehr genau und versuchen Sie, diesen Prozess des Nicht-Greifens oder auch des Loslassens genau vor Ihrem inneren Auge abzubilden. Es könnte durchaus sein, dass Sie auch körperlich etwas wahrnehmen. Versuchen Sie, sich dies so offen wie möglich vorzustellen. Nehmen Sie wahr, was in Ihrem Körper und Ihrem Geist passiert.
Vielleicht können Sie diese Übung damit beenden, dass Sie sich einen Bereich Ihres Lebens auswählen, in welchem Sie das Nicht-Greifen oder aber das Loslassen in Zukunft mehr beherzigen wollen. Benennen Sie dies in Ihrem Inneren möglichst konkret.
Schließen Sie die Übung nach dieser Imagination mit einigen tiefen Atemzügen und einem freundlichen Lächeln ab.

Ausstieg aus dem Autopilotendasein

Durch Achtsamkeit bekommt man wirksam Kontrolle über sich selbst. Wenn man eine Situation klar und konzentriert wahrnehmen kann, wird ganz deutlich, was gerade passiert und was als Nächstes zu tun ist: Schritt für Schritt, einer nach dem anderen.
Sie können lernen, sich von heftigen Gefühlen und Gedanken, die Sie zu überwältigen drohen, zu distanzieren. Durch innere Achtsamkeit nehmen wir Gedanken wahr, ohne sie zu bewerten. Statt gegen sie anzukämpfen, nehmen wir sie so,

wie sie sind. Durch das beständige Einüben der Konzentration auf den gegenwärtigen Moment entsteht mit der Zeit eine stabile innere Ruhe. Wir lernen, dass wir nicht jedem Handlungsimpuls folgen müssen. Wenn Sie sich beispielsweise im Rahmen einer Übung auf den Atem konzentrieren, gibt es wahrscheinlich im Verlauf der Übung mehre Impulse, etwas Wichtiges zu erledigen oder beispielsweise gedanklich den Einkaufszettel für später zu formulieren oder noch schnell dies oder das zu erledigen. Wichtig ist zu lernen, Impulse als solche wahrzunehmen und nicht darauf zu reagieren.
Jeder von uns registriert mit der Zeit, dass sich bestimmte Gefühle immer wieder zeigen. Durch Achtsamkeit erlernt man mit der Zeit, nicht automatisch zu reagieren, sondern bewusst zu agieren. Mit anderen Worten, wir bemerken das Hochsteigen starker Gefühle schon im Ansatz, *noch während* es passiert, und nicht erst danach, wenn es schon eskaliert ist. Nicht jeden Störfaktor im Leben kann ich entfernen, aber ich kann lernen, anders darauf zu reagieren. Ich habe die Wahl, mich aufzuregen oder es zu lassen und mich zu distanzieren.
Nehmen Sie ein einfaches Beispiel: Sie haben es eilig und kommen an eine rote Ampel. Sie können sich aufregen oder es lassen. Nur weil Sie sich die Ampel grün wünschen oder sich aufregen, wird sie nicht grün. Also haben Sie die Wahl, wie Sie auf etwas reagieren, was Sie nicht beeinflussen können. Keine Frage, dies ist kein schneller Prozess. Es bedarf eines fortlaufenden Trainings und einer entsprechenden Portion Humor, um sich immer wieder freundlich bei seinen alten Verhaltensmustern zu ertappen. Mit Achtsamkeit erkennen wir dies und können daran arbeiten, es zu verändern. Nicht in einigen Tagen, nicht in einigen Wochen, mit der Zeit, mit dem nächsten Schritt. Es ist wie mit dem Laufenlernen. Ein Kleinkind braucht Wochen und Monate dazu, es fällt hin, steht wieder auf, fällt wieder hin und steht wieder auf und irgendwann läuft es sicher.

Kann jeder meditieren?

Diese Frage wird häufig gestellt. Diejenigen, die danach fragen, haben den Eindruck, dass es so gar nicht gelingen will. Aber so unterschiedlich wie die Menschen sind, so unterschiedlich sind auch die Erwartungen an die Meditation. Was wir vermitteln, ist mehr als eine Technik, es ist auch eine Lebenshaltung. Wenn Menschen ständig von ihren Gedanken „überflutet" werden, lernen sie zunächst, ihre Achtsamkeit auf ein neutrales „Meditationsobjekt" zu richten, was schwer ist, aber erlernen kann es jeder. Die Frage ist naturgemäß: „Will ich das?" Menschen, denen es gut geht, die meinen, keinerlei Probleme zu haben, werden vielleicht nicht nach etwas anderem suchen, es geht ihnen ja gut. Meditation ist für jene Menschen ein Weg, die mit ihrem bisherigen Leben eben nicht zufrieden sind, die unter psychischen/physischen Erkrankungen leiden oder die ständig eine Art von subjektivem Stress empfinden. Meditation hilft Suchenden, die tiefer schauen wollen, Menschen, die leiden.

Aber, Meditation geübt in Zeiten, in denen man nicht belastet ist, kann als Prophylaxe für die Entstehung von Krankheiten und deren Bewältigung dienen.

„Leiden ist die erste Gnade" – ich weiß gar nicht, von wem das Zitat ist, aber das trifft es ziemlich gut. Wenn ich leide, suche ich nach Veränderung. Eine Möglichkeit unter anderen ist die Achtsamkeit. Wenn Menschen sagen, sie könnten nicht meditieren, dann sind sie eher der Meinung, dass sie keine Anstrengungen in Kauf nehmen wollen oder die Zeit lieber anders verbringen. Vielleicht sind sie auch gar nicht mit dem einverstanden, was während der Meditation geschieht. Man ist sich, während man meditiert, selbst ausgeliefert. Da gibt es keine Ablenkung, kein Fernsehen, kein Radio, keinen MP3-Player. Man muss sich mit sich selbst beschäftigen und das ist schwierig. Es könnte durchaus

Konsequenzen haben, die eine Veränderung herbeiführen, und das kann anstrengend sein.
Achtsamkeit ist kein Entspannungsverfahren an sich, kein Wellnessprogramm, keine Methode, die negative Gedanken umwandelt in positive. Achtsamkeit ist eine wache Auseinandersetzung mit allem, was einen ausmacht, also Arbeit an sich selbst. Es erfordert eine innere Entscheidung, dem Leben in dieser Art und Weise zu begegnen. Wirkliche Erfolge zeigen sich nur durch die Praxis. Es ist zwar löblich, Bücher zum Thema zu lesen, aber dies ist nur zusätzlich und entbindet nicht davon, die Übungen selbst zu machen. Längerfristiges Üben führt zu erhöhter Genussfähigkeit, zu größerer Distanz bezüglich schwierigerer Gedanken und Gefühle. Sekundär tritt mehr Entspannung und Gelassenheit ein.

Hindernisse am Anfang

Zu Beginn der Meditationspraxis versucht man, mit seinen Gedanken beim Atem zu bleiben. Man stellt fest, dass dies meist nur wenige Sekunden gelingt. Unser Geist wehrt sich. Er bietet uns permanent Gedanken an, die „wichtiger" sind, mit diesen sollen wir uns beschäftigen. Nur den Atem zu beobachten ist dagegen „langweilig". Diese Stolpersteine, die den Anfang jeder Meditationspraxis kennzeichnen, muss jeder überwinden, der eine Veränderung erreichen will. Wir können lernen, Gedanken und Gefühle bereits wenn sie entstehen zu bemerken. Wir können auch ihre unglaubliche Energie feststellen, denn sie sind unwahrscheinlich hartnäckig.
Am Anfang tauchen Gedanken wie „Ich hab größere Probleme." „Ich bin unruhig." oder alltägliche Sorgen wie zum Beispiel „Ich muss noch einkaufen." auf. Lassen Sie sich davon jedoch nicht entmutigen, mit der Zeit wird

sich das verändern. Sie werden es merken, wenn Sie besonders aufgeregt oder wütend sind. Mit der Zeit kommt der Gedanke „Kehre zum Atem zurück" auf. Nicht weil der Kopf das will, sondern weil Sie erfahren haben, wie es sich anfühlt, sich durch den Atem zu zentrieren und in der Gegenwart zu verankern. Bis dahin liegt eine ganze Wegstrecke vor Ihnen. Aber es ist ja auch kein Wunder, denn Sie waren schließlich ein Leben lang anders konditioniert.

Anfangs werden wir die Hindernisse wahrscheinlich erst erkennen, wenn wir bereits in die Falle getappt sind. Trotz Bemühungen ist der Erfolg bescheiden, man ist gestresst und fühlt sich minderwertig gegenüber anderen Meditierenden. Die gute Nachricht ist, es geht allen ähnlich. Mit zunehmender Übung wird es leichter. Wir merken zunehmend früher, dass wir nicht achtsam sind und gerade wieder dabei, uns ganze Romane auszudenken.

Kritisieren Sie sich nicht für Ihr Wegdriften, sondern freuen Sie sich, dass Sie es überhaupt bemerken. Führen Sie die Aufmerksamkeit freundlich auf das, was Sie gerade getan oder geübt haben, zurück. Man lernt in diesem Moment, seine Verstrickungen loszulassen. Man stellt fest: „Ich kann ja auch anders, ich habe ein Mittel gefunden, die Hindernisse zu überwinden." Sie sollten diesem Gedanken: „Ich kann ja auch anders", diesem Punkt, an dem man sich sonst in Gedankenketten verloren hätte, viel Liebe entgegenbringen. Manchmal entsteht so mehr Verständnis und Mitgefühl. Insbesondere dann, wenn das Leben durch heftige Wutausbrüche oder Hass geprägt war. Plötzlich stellt man fest, dass man nicht jeden Wutanfall durchleben muss. Man gewinnt Verständnis und Mitgefühl, vielleicht in erster Linie für den anderen, den diese heftigen Gefühle getroffen haben, aber auch für sich selbst. Denn Wutanfälle und -ausbrüche zerschlagen viel Porzellan beim Gegenüber, aber auch bei einem selbst. Wenn man nun ein „Gegenmittel“ gefunden hat, spürt man Erleichterung. Man tut sich und anderen nicht mehr weh.

Sie sollten wissen, solche Dinge entstehen in Körper und Geist und sie vergehen auch wieder. Nichts ist beständig. Gedanken kommen und gehen, Gefühle entstehen und vergehen. So ist es auch mit unserem Atem, er kommt und geht. Versuchen Sie, Hindernisse mittels Achtsamkeit zu identifizieren und nach Möglichkeit wieder loszulassen. Machen Sie sich klar, dass es nicht nur Ihnen so geht, sondern dass es viele andere Menschen genauso erleben. Unsere Patienten haben oft die Vorstellung, dass sich die anderen Teamteilnehmer bei der anfänglichen Achtsamkeitsübung ausschließlich auf den Inhalt der Übung konzentrieren können. Aber niemand weiß, was in den anderen Köpfen vor sich geht. In der Regel ist davon auszugehen, dass bei den meisten Menschen schon nach wenigen Sekunden die Aufmerksamkeit nachlässt und erste Gedanken zu allem möglichen auftauchen. Die gute Nachricht ist: Wenn man es zunehmend früh und freundlich zur Kenntnis nimmt und die Aufmerksamkeit dann erneut ausrichtet, kann man die Gedanken beeinflussen. Dies ist eine Übung für Therapeuten und Patienten gleichermaßen.

Wenn Sie das nächste Mal bemerken, dass Sie hektisch oder planlos sind, versuchen Sie, entgegengesetzt zu denken und zu handeln.

Laut Kabat-Zinn ist es manchmal besonders effektiv, in solchen Unruhezuständen zu üben. Entscheidend ist, dass Sie nicht zu viel erwarten, sondern es einfach machen. Halten Sie inne, ohne sich zu verrennen oder in Aktionismus zu verfallen. Um das Innehalten intensiver üben zu können, sollten Sie dafür sorgen, ein paar Minuten ungestört zu sein. Die folgende Übung ist eine sogenannte Verbundenheitsübung. Sie wird stehend mit geschlossenen Augen durchgeführt. Diese Übung finde ich recht hilfreich, da sie uns damit konfrontiert, dass wir nur ein kleiner Teil eines großen Ganzen sind. Vieles relativiert sich im Rahmen dieser Übung. Sie kann dazu beitragen, sich mit den Menschen und der Welt an sich verbundener zu fühlen. Wenn ich Verbundenheit erleben möchte, ist es notwendig, dass ich aus meiner Ich-Bezogenheit zumindest punktuell aussteige und mich nicht allzu wichtig und ernst nehme.

Verbundenheitsübung

Stehen Sie aufrecht. Lassen Sie die Schultern möglichst noch etwas absinken.
Beobachten Sie Ihren Atem.
Formen Sie die Gesichtszüge zu einem freundlichen Lächeln und atmen Sie lächelnd weiter.
Spüren Sie zunächst den Kontakt Ihrer Füße mit dem Boden. Wie ist Ihre Körperhaltung? Richten Sie gegebenenfalls den Körper aus dem Becken heraus noch einmal auf, da das Aufgerichtetsein für diese Übung von Bedeutung ist.
Stellen Sie sich nun eine verbindende Achse, die durch Ihren Körper läuft, vor. Sie verläuft vom Kopf bis zu den Füßen. Dann erweitern Sie die Vorstellung einer Achse nach unten hin. Stellen Sie sich vor, die Achse geht durch den Boden des Raums hindurch, durch den Boden des Gebäudes, tritt ein in die Erde und verlängert sich in Richtung Erdinneres.
Wandern Sie dann mit Ihrer Aufmerksamkeit zu Ihrem Kopf und stellen Sie sich nun vor, wie sich die Achse aus Ihrem Kopf heraus in Richtung Zimmerdecke verlängert, aus dem Dach des Gebäudes heraustritt und sich Richtung Wolken und Himmel immer weiter verlängert bis ins Weltall und ins Universum.
Versuchen Sie, sich als Teil dieser Achse zu sehen. Vielleicht fühlen Sie sich wie ein kleiner Punkt auf einer großen Strecke. Machen Sie sich klar, was diese Vorstellung für uns

Menschen bedeuten kann. Beobachten Sie mit dem Lächeln in Ihrem Gesicht, was Ihnen anhand dieser Vorstellung durch den Kopf geht oder ob Sie auch auf der körperlichen Ebene etwas wahrnehmen.
Spüren Sie noch einen Moment nach und richten Sie dann die Aufmerksamkeit auf Ihren Atem. Beenden Sie damit die Übung.

Sie möchten sich diese Übung gerne anhören?
Sie finden sie auch als Audiodatei zum Download unter www.schattauer.de/3119.html

Falls Sie in einer Gruppe üben, machen Sie sich, bevor Sie die Augen öffnen, bewusst, mit wie vielen Menschen Sie sich im Raum befinden, wie viele Menschen sich in den anderen Räumen des Hauses und auch außerhalb des Hauses befinden. Alle atmen die gleiche Luft, wir ernähren uns von ähnlichen Nahrungsmitteln, wir nutzen ähnliche Verkehrsmittel und teilen ähnliche Gewohnheiten. Wir sind somit auch auf diese Art und Weise miteinander verbunden. Beobachten Sie auch hier mit einem Lächeln, wie sich das anfühlt und welche Gedanken Sie haben.

Was bedeutet wahrnehmen?

Wahrnehmen bedeutet, sich auf das einzulassen, was der Augenblick bietet. Dazu gehört die Welt um uns herum, aber auch unsere Innenwelt, die Gefühle und Gedanken. Je mehr wir gegenwärtig sind, desto weniger verlieren wir uns in Sorgen und Nöten.
Meistens wenn wir uns zur Achtsamkeitsmeditation hinsetzen, können wir uns eine kurze Weile auf unseren Atem

oder die fünf Sinne konzentrieren. Danach jedoch beginnt unser Geist umherzuwandern. Er ist es nicht gewohnt, sich nur auf eine Sache zu konzentrieren. Vielmehr machen wir meist „Gedankenhopping“, springen also von einer Sache zur anderen, von einem Gedanken zum nächsten. Wir verlieren uns in Gedankenspiralen oder -ketten. Wahrnehmen bedeutet, diesen Mechanismus einfach zur Kenntnis zu nehmen. Bei der Meditation geht die Aufmerksamkeit auf ein Meditationsobjekt oder eine selbst gestellte Aufgabe sehr rasch verloren und schwindet aus dem Fokus der Aufmerksamkeit. Manche Menschen neigen zu Tagträumereien, andere dazu, sich in Gedanken zu verlieren. Beides könnte dazu führen, dass das Gegenwärtige zwar stattfindet, aber nicht beachtet wird. Wichtig ist der Moment, in dem man dies bemerkt. Er ist sehr wertvoll, denn genau hier fängt man an, sich bei seinen festgefahrenen Verhaltensweisen zu beobachten und sich somit selbst besser kennen zu lernen.
Vielleicht hilft Ihnen das Bild eines Meeres, in dem die Wellen mal hoch, mal nieder sind, im Wasser und am Ufer auslaufen und sich wieder neu bilden. Nichts bleibt, wie es war, das Leben und unsere Gedanken sind ein ständiger Fluss.
Wir versuchen, in der Meditation einfach nur die Gedanken und Gefühle zu erkennen, die in diesem Moment da sind und uns für eine Weile beschäftigen. Die Aufgabe in der Meditation besteht zunächst in der Feststellung und dann im Loslassen. Die Konzentration auf die Atmung oder die fünf Sinne ist für diesen Prozess sehr unterstützend. Manchmal scheint es so, als ob man sich gar nicht konzentrieren kann: man wird wütend oder frustriert. Auch hierin liegt eine Chance. Wenn man sich klar macht, dass man immer atmet, kann man den Atem auch spüren, wenn man mal frustriert oder verärgert ist. Wenn Sie in solchen Momenten aber erwarten, dass Sie tief und ruhig

atmen, werden Sie sich mehr aufregen. Die Übung besteht darin, die unruhigen oder aufgeregten Atemzüge zu spüren. Dies wiederum führt manchmal sekundär zu einer gewissen Beruhigung. Das sind die ersten Fortschritte.

Man unterscheidet das Wahrnehmen von äußeren Sinnesreizen (Übungen zum Hören und Sehen in den ► Kap. „Achtsames Hören“ und „Achtsames Sehen“) und das Wahrnehmen innerer Prozesse, wie die Atmung, Körperwahrnehmung, Gefühle. Auch hierzu sind Übungen im gesamten Buch verteilt (► Kap. „Achtsames Atmen“, „Time- out-Übung, kurzer Bodyscan“, „Vom Umgang mit Gefühlen“).

Was bedeutet konzentriert?

Manchmal ist es sinnvoll, sich nur auf eine Sache zu konzentrieren. Bleiben Sie bei sich selbst und bei dieser einen Sache. Wenn Sie essen, dann essen Sie, wenn Sie gehen, dann gehen Sie, wenn Sie baden, dann baden Sie. Wenn Sie sich in einem Gespräch befinden, dann konzentrieren Sie Ihre Aufmerksamkeit auf den Kontakt mit der anderen Person. Tun Sie dies mit Ihrer ganzen Aufmerksamkeit und bleiben Sie mit Ihrer Wahrnehmung in der jeweiligen Situation. Wenn Sie beispielsweise ein schlechter Zuhörer sind und Sie das Zuhören üben möchten, versuchen Sie einmal, sich mehr zurückzuhalten. Nehmen Sie Ihre eigenen Impulse wahr, das Gesagte kommentieren oder ergänzen zu wollen. Wenn Sie merken, dass Sie unkonzentriert werden, fokussieren Sie Ihre Aufmerksamkeit immer wieder neu auf den Menschen, der gerade vor Ihnen steht. Finden Sie achtsam heraus, was dieser zu sagen hat. Distanzieren Sie sich von dem, was Sie vielleicht hören wollten. Üben Sie sich also konzentriert im achtsamen Hören. Das bedeutet allerdings, sowohl gedanklich als auch gefühlsmäßig, in der Situation zu sein und nicht woanders.

Konzentriert sein bedeutet, sich nur mit einer Sache/einer Person zu beschäftigen und nicht gleichzeitig Essen zu machen, Radio zu hören und vielleicht noch zu telefonieren. Ihre gesamte Aufmerksamkeit auf die Situation ist notwendig, um wirklich lebendig und achtsam zu sein.

Wenn Sie merken, dass Sie beginnen, zwei Dinge gleichzeitig zu tun, hören Sie auf und wenden Sie Ihre Aufmerksamkeit wieder der einen Sache zu. Wenn Sie sich vorstellen, dass Sie in einem Chor singen und in einem Konzert auftreten, dann verlangt es auch Ihre komplette Aufmerksamkeit, den richtigen Ton zum richtigen Zeitpunkt zu treffen. Wenn Sie sich vorstellen, alle oder nur einige Chormitglieder würden sich während des Singens mit ihren persönlichen Problemen oder vielleicht mit einem potenziellen Einkaufzettel beschäftigen, die Qualität des Konzertes würde wahrscheinlich deutlich hörbar leiden.

Natürlich werden Sie durch Ablenkungen von außen und von innen ständig gestört. Wenn Sie von Personen oder Geräuschen gestört werden, betrachten Sie jede Person oder auch jedes Geräusch (Ticken der Uhr, Rasenmäher des Nachbarn, Unterhaltung von Mitreisenden im Zug) als eine direkte Herausforderung auf Ihrem Weg zu mehr Achtsamkeit.

Das ist sicher am Anfang schwierig. Doch das Ziel ist nicht, möglichst schnell zur Konzentration, also zu seiner Aufgabe zurückzukehren. In erster Linie geht es darum, sich diesen Prozess des ständigen Abgelenktseins klarzumachen. Gerne folgen wir allen Impulsen, die uns aus unserer Konzentration holen, denn wir sind es ja nicht anders gewohnt. Aber Achtsamkeit bedeutet, im Hier und Jetzt zu sein und nicht im Nebel unserer Ablenkungen zu versinken. Unser Leben wird reicher, wenn wir uns bewusst sind, *was* und *wie* wir etwas tun. Wir werden weniger anfällig für Gedankenkreisen und Gefühlsverstrickungen.

Diesen Mechanismus in einer annehmenden Haltung zur Kenntnis zu nehmen, ist der erste Schritt einer Veränderung. Tadeln Sie sich nicht, schon wieder versagt zu haben. Beglückwünschen Sie sich, dass Sie es erneut geschafft haben, mit der Aufmerksamkeit zurückzukehren, auch wenn es nur manchmal für einen kurzen Augenblick klappt. Mit etwas Übung gelingt Ihnen das immer öfter und auch immer leichter.

Was bedeutet beschreiben?

Beschreiben bedeutet, Worte zu finden für Gedanken und Gefühle. Beschreiben hilft uns, zwischen dem Gefühl, das manchmal ganz unvermittelt aufzutauchen scheint, und unserer Handlung, die darauf folgt, einen Abstand zu finden. Schon das Beschreiben von Gedanken und Gefühlen verschafft uns einen inneren Abstand. Wenn Sie Ihren Zorn beschreiben sollen, sind Sie damit so beschäftigt, dass der Zorn nicht in einer Handlung mündet. Das Benennen der entstehenden Gedanken und Gefühle verhilft uns also zu einer Atempause, die wir nutzen können, um eine Distanz zu finden. Wir müssen nicht immer gleich reagieren, wenn wir wütend, eifersüchtig oder hasserfüllt sind. Wichtig ist einfach, dass man sich nicht auf die Inhalte von zerstörerischen Gedanken einlässt, sie nicht für Wahrheiten hält, sondern lernt, sie als Gedanken (mit mehr oder weniger Macht) zu identifizieren.
Achtsamkeit hilft Ihnen, die vergiftende Wirkung von Gefühlen zu erkennen, wenn diese immer wieder zu großen Störungen in der Gestaltung von Beziehungen führen. Wenn wir uns unserer Gefühle gewahr sind, wir sie also beschreiben können, dann unterstützt uns das dabei, keinen Schaden anzurichten. Schaden bezogen auf die eigene Person als auch Schaden gegenüber anderen Personen. Es

gibt keinen Automatismus zwischen Gefühl und Handlung, auch wenn wir anfangs glauben, diesen nicht verhindern zu können. Wir sind einfach noch nicht geübt genug. Sobald wir mit der Zeit von einem automatisierten in einen bewussten Ablauf – also Beschreiben – übergehen, können wir starke Gefühle überwinden.
Beschreiben bedeutet, Worte zu finden für all diese Gedanken und Gefühle und einen Abstand zu ihnen herzustellen. Wichtig ist, dass man beim Beschreiben bleibt und nicht sofort handelt, da dies nicht selten zu dysfunktionalem Verhalten führt.
Da man nicht mit dem Schwierigsten anfangen sollte, ist es sinnvoll, sich zum Üben etwas Alltägliches auszusuchen. Hüten Sie sich vor Bewertungen und Interpretationen, denn das ist nicht Beschreiben!

Beschreiben ohne Bewertung

Beschreiben Sie sich selbst, zum Beispiel auf einem Stuhl sitzend. Sinn dieser Übung ist, den Vorgang der wertfreien Beschreibung zu üben.
Sie können beispielsweise beschreiben, wie die Füße auf dem Boden stehen, wie sich Unterschenkel, Waden, Knie, Oberschenkel und Gesäß anfühlen. Dann können Sie weitergehen zum Becken, unteren Rücken, gesamten Rücken, zu Armen, Bauch und Brustbereich und deren Zustand in Worte fassen.
Zum Abschluss gehen Sie auf die Haltung des Kopfes ein und – Vorsicht nicht ganz einfach – beschreiben den eigenen Gesichtsausdruck. Die Kunst ist es, sich nicht in Gedanken, Gefühlen oder Bewertungen zu verlieren. Das ist manchmal schwieriger als vermutet, probieren Sie es aus, es lohnt sich. Dann schauen Sie geradeaus. Beschreiben Sie wertfrei, was Sie sehen. Das können ein Bild, ein Fenster, eine „langwei-

lige“ Wand und so weiter sein. Nach einer gewissen Zeit drehen Sie sich um 90 Grad und beschreiben, was Ihre Augen nun erblicken. Bleiben Sie konzentriert, wertfrei und so genau wie möglich. Falls Sie von Gedanken, Bewertungen oder auch Geräuschen abgelenkt werden, kehren Sie erneut zum Beschreiben zurück, auch wenn dies mehrfach (was wahrscheinlich und natürlich ist) der Fall sein sollte.

Beschreiben, achtsames Sehen und Zuhören

Wenn Sie achtsames Sehen in einer Gruppe üben, ist es gut, wenn Sie paarweise Rücken an Rücken sitzen. Der Blick geht jeweils in die entgegengesetzte Richtung. Es wird ausgemacht, wer zunächst beschreibt und wer zuhört (möglichst mit geschlossenen Augen). Nach dem Ertönen der Klangschale wird von den ausgewählten Personen zeitgleich beschrieben, was es vor deren Augen zu sehen gibt. Welche Farben und welche Formen haben die Dinge? Was ist im Vordergrund, was im Hintergrund? Die Zuhörenden üben, einfach nur zuzuhören, nichts zu ergänzen, nichts zu fragen, nichts richtigzustellen, einfach nur wahrzunehmen, was ein anderer Mensch zu sagen hat. Wichtig ist, die auftauchenden Impulse, selbst etwas zu sagen, wahrzunehmen und diesen nicht zu folgen, sondern weiter zuzuhören und sich ein Bild von dem Gehörten zu machen.

Nach circa drei Minuten ertönt die Klangschale. Dann schließen beide Sitzpartner für einen Moment die Augen und spüren nach. Nach erneutem Ertönen der Klangschale wird gewechselt. Der Zuhörende wird zum Redner und umgekehrt.

Wichtig ist auch bei dieser Übung, sich nicht anzustrengen. Unabhängig davon, in welcher Rolle Sie sich befinden, gilt es, Momente, in denen nichts gesagt wird, auszuhalten und ohne etwas zu tun, diese einfach nur wahrzunehmen. „Es

gibt grad' nichts zu sagen oder zu hören", selbst das kann fremd anmuten, aber eine sehr gute Erfahrung sein, um sich mit Stille anzufreunden.
Nach weiteren drei Minuten ertönt erneut die Klangschale. Schließen Sie die Augen und spüren Sie nach. Dann tauschen sich die Partner aus. Eventuell entscheidet sich die Gruppe insgesamt, das Erfahrene zusammenzutragen.

Beschreiben des eigenen Spiegelbildes

Nehmen Sie einen Spiegel zur Hand und halten Sie ihn so, dass Sie Ihr gesamtes Gesicht darin sehen können. Schließen Sie kurz Ihre Augen und stellen Sie sich innerlich darauf ein, nun Ihr Spiegelbild zu betrachten.
Tun Sie dies in der Absicht, es so wertfrei wie möglich zu beschreiben. Nehmen Sie einige Atemzüge und überprüfen Sie, wie bereit Sie sind, dies in einer möglichst freundlichen Haltung zu tun. Lächeln Sie innerlich freundlich. Und bevor Sie Ihre Augen öffnen, machen Sie sich noch einmal klar, dass dies eine Übung ist, bei welcher alle Menschen noch schneller als gewöhnlich von ihren Bewertungen eingeholt werden.
Beginnen Sie mit der Beschreibung Ihrer Haarfarbe, der Länge Ihrer Haare.
Beschreiben Sie die Form Ihres Gesichtes, die Augenbrauen, die Augenfarbe. Es könnte hilfreich sein, zum Beispiel den Abstand der Augen zueinander in Zentimetern anzugeben. Stellen Sie sich vor, Sie versuchen einer Person am Telefon Ihr Gesicht wertfrei zu beschreiben, damit diese sich ein Bild machen kann. Wenn Bewertungen kommen, was sehr wahrscheinlich ist, nehmen Sie diese freundlich als solche zur Kenntnis und fahren Sie mit dem eigentlichen Beschreiben fort.

Wenn Sie alles erfasst haben, schließen Sie erneut Ihre Augen und beobachten Sie, was auf der gedanklichen und gefühlsmäßigen Ebene in Ihrem Inneren passiert.
Verankern Sie Ihre Aufmerksamkeit auf Ihren Atem. Öffnen Sie nun langsam Ihre Augen.

Sie möchten sich diese Übung gerne anhören?
Sie finden sie auch als Audiodatei zum Download unter www.schattauer.de/3119.html

Diese Übung kann ebenfalls paarweise in einer Gruppe durchgeführt werden. Mithilfe eines Spiegels beschreibt man das eigene Gesicht, während die andere Person mit geschlossenen Augen zuhört. Dann wird gewechselt, ähnlich wie in der vorangegangenen Übung beschrieben.

Beschreiben von alltäglichen Tätigkeiten

Wählen Sie eine alltägliche Tätigkeit, zum Beispiel Duschen, Spülen, Aufräumen, Aufwischen oder Gartenarbeit. Sie sollten üblicherweise nicht Ihre ganze Aufmerksamkeit beim Erledigen dieser Tätigkeit benötigen.
Kommentieren Sie innerlich, was Sie tun, während Sie diese Arbeit verrichten. Verwenden Sie häufig das Wort „jetzt". Wenn Sie zum Beispiel spülen, sagen Sie: „Ich drehe jetzt den Wasserhahn auf. Ich höre jetzt das Wasser aus der Leitung kommen. Ich höre jetzt den Wasserstrahl, der auf das Geschirr trifft. Ich spüre die Seifenblasen auf meinen Händen, während ich jetzt den Teller abwasche." Versuchen Sie, dies mit den einzelnen Tätigkeiten jeden Tag für einige wenige Minuten durchzuführen.

Beobachten Sie, ob diese Art der Achtsamkeit etwas bei Ihnen verändert. Haben Sie in der Tätigkeit, also beim Spülen, bei der Gartenarbeit oder beim Aufräumen etwas entdeckt? Versuchen Sie, sich an die Details zu erinnern. Diese Übung dient dazu, den Geist völlig frei zu machen und im gegenwärtigen Moment zu sein. Sie verdeutlicht den Inhalt von Achtsamkeit am stärksten.

Beschreiben von Fotos

Eine wunderbare Gruppenübung ist, sich gemeinsam Fotos in Folge entweder über einen Beamer oder auf einem Laptop anzusehen. Jede anwesende Person im Raum (Therapeut inklusive) versucht, leise und für sich das gesehene Bild in einer beschreibenden Art und Weise zu betrachten. Ertappt man sich bei einer Bewertung, einem Gedanken über das Bild oder gar Gedanken über ganz andere Themen, gibt man kommentarlos ein Handzeichen (kann mehrmals vorkommen). Jeder versucht, wieder zum achtsamen Beschreiben des Bildes zurückzukehren. Das ergibt meist ein lustiges Gesamtbild. Schaut man als Unbeteiligter zu, könnte man denken, es handele sich um eine sportliche Veranstaltung, denn es gibt ein ständiges Auf und Ab der Hände. In der Gruppe kommen dabei Freude und Dynamik auf. Das ist sehr entlastend für den Einzelnen. Allen wird klar, dass jeder mal die Aufmerksamkeit nicht halten kann und dies nicht nur im eigenen Kopf passiert. Wichtig ist, nicht auf den Inhalt der Gedanken einzugehen, weder verbal noch während der Übung. Die Rückmeldung von Patienten ist, dass genau diese Übung das Nichteingehen auf Gedanken erleichtert und letztlich Distanz zum Inhalt bringt.

Eine **Auswahl an** Fotos, die sich besonders gut für diese Übung eignen, finden Sie unter www.schattauer.de/3119.html.
Sie können natürlich auch eigene Fotos verwenden oder Bilder aus dem Internet zusammenstellen.

Der Mechanismus ähnelt unserem Gehirn: Wir halten fest an Dingen, Gesehenem, Erlebtem. Unser Gehirn „fotografiert" Augenblicke und sammelt diese. In unserem Gehirn sind unter Umständen unendlich viele Fotos gespeichert. Zu diesen Bildern gehören, wie auch nicht anders vorstellbar, viele Gedanken und Emotionen. Sie sind alle gut archiviert und werden bei der kleinsten Berührung zum Leben erweckt, sodass wir nur noch erleben können, was wir gespeichert haben. In diese Bildersammlung ordnen wir alles Gegenwärtige ein – zum Beispiel Partner, Mitmenschen, Naturerlebnisse – und verhindern so neue Erfahrungen.

Mit Gedanken umgehen

„Du kannst nicht verhindern, dass die Vögel der Besorgnis über deinem Kopf fliegen, aber du kannst verhindern, dass sie sich auf deinem Kopf ein Nest bauen."

Martin Luther

Worauf Sie beim Umgang mit Gedanken achten sollten

Wenn Sie beim Üben versuchen, sich auf einen Aspekt zu konzentrieren, ist es gut möglich, dass der Geist besonders unruhig ist und umherwandert. Es scheint so, als könne eine wirkliche Konzentration nicht möglich sein. Dies ist, besonders anfänglich, eine ganz normale Reaktion, von der Sie sich nicht verunsichern lassen dürfen. Gehen Sie einfach davon aus, dass es fast allen Menschen am Anfang so geht. Vergleichbar ist dies mit wilden Tieren, die eingefangen werden sollen. Will man so ein Tier auch noch anbinden, wehrt es sich umso heftiger. Ähnlich ist der Prozess im Umgang mit den Gedanken. Versucht man, sie an ein Thema oder an Stille „anzubinden", werden sie aufmüpfig und wehren sich, werden im Zweifel erst mal intensiver. Würde man, um den Prozess zu beschleunigen, auf das Tier gar mit einem Stock einschlagen, anstatt abzuwarten bis es sich beruhigt hat, würde es noch wilder reagieren. Ähnlich verhält sich unser Geist. Versuchen Sie deshalb nicht, ihn mit Anstrengung unter Kontrolle zu bringen, sondern beobachten Sie, wie er sich nach einer Weile wieder beruhigt und Gedanken als solche erkennt und nicht mehr so wichtig nimmt. Das besondere an dieser Erkenntnis ist: Gedanken können ihre Macht verlieren!
Ein anderes entlastendes Bild ist es, die Gedanken mit Affen, die sich von Baum zu Baum hangeln, zu vergleichen.

Manchmal springen sie innerhalb eines Baumes hin und her und manchmal von Baum zu Baum. So ist es mit unseren Gedanken: Manchmal springen sie innerhalb eines Themenkreises hin und her, manchmal aber auch zwischen sehr unterschiedlichen Themen – ohne erkennbares System. Versuchen Sie, so freundlich wie möglich auf Entdeckungsreise zu gehen und ihren Geist und die damit verbundene gedankliche Unruhe wahrzunehmen, auszuhalten und langfristig zu bändigen.

Auf das Hören konzentrieren, Einstiegsübung

Hören Sie, was gerade hörbar ist. Strengen Sie sich nicht an, lassen Sie sich nicht stören. Die Geräusche gelangen zu Ihren Ohren, so wie sie in diesem Moment entstehen. Machen Sie sich klar, dass die meisten Geräusche einen Anfang und ein Ende haben. Es mag sein, dass Sie bestimmte Geräusche bevorzugen und andere ablehnen. Werden Sie sich dieser Bewertung bewusst. Versuchen Sie, sich auch klar zu machen, dass Sie die Geräusche nicht machen, sondern dass Sie sie nur wahrnehmen und die Reaktion darauf beeinflussen können. Natürlich ist der Geist gedanklich unterwegs. Schauen Sie, wohin Ihre Gedanken Sie tragen. Gedanken sind nur Gedanken, sie haben mit der Gegenwart häufig nichts zu tun, sie sind Konstrukte unseres Gehirns. Und wenn Sie sich zum hundertsten Mal beim Denken ertappen, nutzen Sie die Gelegenheit und richten Sie Ihre Aufmerksamkeit erneut auf das Hören aus. Was hören Sie in diesem Moment? Machen Sie sich klar, dass die Geräusche in der Gegenwart stattfinden und ein guter Anker sind, sich mit dem Jetzt zu verbinden. Genauso ist es mit dem Atem, auch er findet ausschließlich in der Gegenwart statt. Versuchen Sie nun, die Aufmerksamkeit nach innen zu richten und den Atem als Anker zu nutzen. Der

Atem ist die andauernde Verbindung von innen nach außen. Verändern Sie Ihren Atem nicht, sondern beobachten Sie, wie er gegenwärtig fließt, vielleicht ruhig, tief oder eher oberflächlich. Versuchen Sie, die Aufmerksamkeit noch eine Weile beim Atem zu halten. Falls Sie sich erneut in Gedanken verlieren, nehmen Sie dies freundlich zur Kenntnis und atmen Sie bewusst weiter.

Denken, denken, denken ...

Nehmen Sie sich einfach ein wenig Zeit, konzentrieren Sie sich auf Ihren Atem und beobachten Sie sich beim Denken. Indem man seine Gedanken beobachtet, ohne permanent in sie verstrickt zu sein, oder den Aufforderungen folgt, die das Denken an einen stellt, erfährt man viel über sich selbst. Achtsamkeit führt dazu, dass man diesen Gedankenstrom, der unaufhörlich produziert wird, an sich vorbeiströmen lässt. Wir müssen nicht jedem Gedanken folgen, wir müssen nicht jeder Aufforderung zur Tätigkeit folgen. Was ist es also, was uns auffordert, den Reizen, die unaufhörliches Denken mit sich bringt, zu widerstehen und das Denken einfach zu beobachten? Diese Frage kann nur jeder für sich selbst beantworten. Es beginnt eine Reise nach innen. Nichts, was man bisher dachte, was von außen kommt, ist wirklich wichtig. Sicherlich ist es gut, wenn man Freunde hat, eine Familie, materielle Dinge. Aber sie sind nicht so wichtig, wie man denkt, zumindest nicht in dem Ausmaß, wie man es sich vorstellt. Unser Lebensglück und unsere Zufriedenheit liegen nicht ausschließlich außerhalb unserer Person, sondern in erster Linie in uns. Unser Denken kann uns dieses Lebensglück nehmen, aber auch wieder zurückgeben. Wir können uns dann in uns, in unserer Haut wieder zu Hause fühlen. Denken erschafft ständig neue Welten, es reißt aber auch ständig Welten ein. Insofern sind wir die Schöpfer unserer eigenen Welt.

„Weißer Raum mit zwei Türen", Imagination

Stellen Sie sich Ihren Kopf als einen leeren, mit weißem Licht erfüllten Raum vor.

Es gibt zwei gegenüberliegende Türen, die zwar geschlossen sind, aber nicht verschlossen.

Stellen Sie sich nun Ihre Gedanken vor, wie sie von draußen zu Besuch in den schönen, hellen und leeren Raum drängen. Wenn Sie versuchen, die Tür von innen zuzuhalten, wird es außen einen Stau geben, ein Drängen und Gerangel. Tatsache ist, die Gedanken sind neugierig und begehren alle, in diesen hellen, schönen Raum zu gelangen.

Versuchen Sie, sich nun vorzustellen, wie Sie nach und nach die Türe auf der rechten Seite, von innen öffnen und einen oder auch mehrere Gedanken hereinlassen. Finden Sie heraus, um welche Art Gedanken es sich handelt. Gedanken können Sorgen, Hoffnungen, Wünschen oder anderen Überschriften zugeordnet werden. Dann öffnen Sie die Tür auf der gegenüberliegenden Seite. Die identifizierten und somit bekannten Gedanken können, wenn Sie sie nicht am Gehen hindern, den hellen Raum verlassen. Man kann sogar, wenn man sich dies gestattet, ein wenig beim Verabschieden nachhelfen.

Machen Sie dies von Zeit zu Zeit mit den draußen wartenden Gedanken. Schauen Sie einfach öfter nach, was noch draußen steht. Manchmal wird es großen Andrang geben und manchmal warten draußen keine Gedanken. Seien Sie dann nicht enttäuscht. Kommen Sie in Bewegung und investieren Sie Ihre Kraft nicht in das Zuhalten der Tür von innen. Tun Sie dies in Ihrer Vorstellung mit einer guten Portion Humor.

Sie können nun, falls Sie sich in einem entsprechenden Kontext befinden, dieses Thema gestalterisch zum Ausdruck bringen.

> **Sie möchten sich diese Übung gerne anhören?**
> Sie finden sie auch als Audiodatei zum Download unter www.schattauer.de/3119.html

„Wasserfall", Imagination

Lassen Sie Gedanken oder gar eine Gedankenflut vor Ihrem inneren Auge auftauchen und vergleichen Sie diese mit einem heftigen Wasserfall.
Stellen Sie sich nun vor, Sie sind ein Teil desselben und werden mit voller Wucht mitgerissen, völlig haltlos. Nehmen Sie jetzt in Ihrer Fantasie auf einem Felsen neben oder hinter dem Wasserfall Platz. Beobachten Sie, wie alles an Ihnen vorbeistürzt. Sie können die Wucht spüren, aber Sie sind nicht mehr im freien Fall. Sie werden vielleicht nass, aber nicht mehr mitgerissen.
Spüren Sie noch eine kurze Zeit nach, wie es sich mit der Vorstellung des veränderten Bildes anfühlt.
Gegebenenfalls können Sie die Gelegenheit nutzen, das Erlebte oder Vorgestellte in beliebiger Form gestalterisch auszudrücken.

Manchmal gehen wir wie benommen durchs Leben, befinden uns in einer Art Halbschlaf. Wir sind oft insgesamt unzufrieden, bisweilen unglücklich. Den ganzen Tag gehen uns beliebige, belanglose oder gar belastende Gedanken durch den Kopf. Wir können somit nicht sehen, was wir wirklich erleben.

Den meisten Menschen ist überhaupt nicht bewusst, dass sie dauernd denken. Das Denken ist zumeist ungenau, chaotisch sprunghaft und auch widersprüchlich, aber fast immer aktiv. Gedanken sind wie das Wetter: stürmisch, klar, neblig, warm, kalt.
Im Rahmen der Übungen wird immer wieder versucht, die Aufmerksamkeit zu lenken. Das Wegdriften der Aufmerksamkeit von einem Meditationsobjekt ist kein Fehler, sondern sehr natürlich und passiert allen Menschen. Eine häufige Erkenntnis ist: „Ich bin nicht meine Gedanken, ich habe welche." Identifizieren Sie sich also nicht mit Ihren Gedanken. Das klingt zunächst banal, die Tatsache ist aber häufig schon sehr entlastend.
Ein erster Schritt ist es, Distanz zu entwickeln. Distanz benötigt man, um sich davor zu schützten, sich in seine Gedanken zu verstricken oder sich darin zu verlieren. Erschwerend kommt die Tatsache, dass an vielen Gedanken intensive Gefühle hängen, hinzu. Wenn man sich darin verloren hat, fällt es noch schwerer, sich zu distanzieren.
Gedanken kommen wie Blasen, die vom Grund eines kochenden Wassertopfes an der Oberfläche auftauchen, sich dann verflüchtigen und auflösen. Es ist ein ständiges Kommen und Gehen. Lösen Sie sich von dem Wunsch, nichts mehr zu denken. Freunden Sie sich eher damit an, sich beim Denken zu beobachten. Nehmen Sie die Pausen, die zwischen den einzelnen Gedanken entstehen, erst mal „nur" wahr. Wenn es gut läuft, mit etwas Erfahrung, werden sich diese verlängern. Das Ziel von Achtsamkeitsübungen ist, dass der Abstand zwischen einzelnen Gedanken größer wird. Dies ist ein Prozess, der sich von selbst entwickelt.

Die Metapher mit dem Mantel

Ein Schüler fragt seinen Meister nach längerer Übung der Meditation: „Meister, ich kann das nicht. Ich habe schon so viel geübt, aber ich kann meine Gedanken nicht anhalten. Ich glaube, das ist nichts für mich." Der Meister sieht die Verzweiflung des Schülers und zeigt ihm etwas. Er nimmt ihn mit nach draußen, wo es sehr windig ist. Er fordert den Schüler auf, seinen weiten Mantel zu öffnen und damit den Wind anzuhalten. Der Schüler, sehr motiviert, breitet den Mantel seitlich aus und versucht, den Wind anzuhalten. Je mehr er sich anstrengt, desto mehr kommt er selbst ins Schwanken und droht, vom Wind umgeblasen zu werden und das Gleichgewicht zu verlieren. Da sagt der Meister: „Siehst du, das geht nicht. Du musst den Mantel loslassen. Dann flattert er im Wind, aber du kommst nicht aus dem Gleichgewicht. Man kann den Wind nicht anhalten. Mit den Gedanken ist das genauso. Du kannst sie nicht anhalten. Wenn du sie wahrnimmst, aber nicht festhältst, werden sie weiterziehen." Der Schüler ist beeindruckt und beginnt erneut mit seinen Übungen.

Was genau beschäftigt Sie, nachdem Sie diese Metapher gehört oder gelesen haben? Suchen Sie nach Parallelen in Ihrem Leben.

Umgang mit dem ersten Gedanken

In der folgenden Übung geht es darum, sich spontan auf ein Thema einzulassen und wahrzunehmen, was auf der gedanklichen Ebene passiert. Was geschieht auf der Gefühlsebene? *Wo* genau im Körper können Sie etwas spüren und *was* entwickelt sich daraus? Dies ist eine gute Übung, um sich zu verdeutlichen: Es gibt einen Reiz – ein Wort, ein

Bild – und unser Gehirn „produziert“ Gedankenketten, welche in uns Gefühle auslösen.
Sich mit diesem Prozess in übender Art und Weise humorvoll vertraut zu machen, kann sehr entlastend sein. Es hilft, aus Gedankenketten vorzeitig auszusteigen. Durch das Üben können diese als solche erkannt werden. In der folgenden Übung sind zwei Beispiele aufgeführt, aber üben kann man mit allen, auch banal erscheinenden Themen. Um den Umgang mit den ersten aufkommenden Gedanken zu üben ist, die Empfehlung, ruhig und mit weniger spektakulär scheinenden Überschriften, wie beispielsweise Decke Verkehr, Tür, Urlaub, Schuhe, zu beginnen. Sie werden sich wundern! Beinahe alles, was man auswählt, birgt ein unglaubliches Potenzial für Gedankenketten und mehr oder weniger angenehme Gefühle.

Konzentrieren Sie sich zunächst auf das achtsame Atmen und dann auf das achtsame Hören.
Die erste Überschrift lautet: „Tier“. Beobachten Sie: Was ist Ihr erster Gedanke zu diesem Thema?
Beobachten Sie auftauchende Folgegedanken.
Wohin werden Sie von Ihren Gedanken getragen?
In welche Geschichten werden Sie gedanklich hineingezogen?
Wie sieht es gefühlsmäßig aus? Gibt es ein Gefühl, an das Sie sich erinnern oder das Sie in diesem Moment spüren, obwohl kein Tier anwesend ist? Versuchen Sie, dieses Gefühl so genau wie möglich zu benennen. Um welches Gefühl handelt es sich?
Gehen Sie nun in die körperliche Wahrnehmung. Wo können Sie etwas in Ihrem Körper spüren? Wie fühlt sich das an? Wie groß ist der Bereich im Körper, in dem sich das Gefühl zeigt?
Versuchen Sie, nicht darüber nachzudenken, sondern im Spüren zu bleiben.

Spüren Sie noch einen Moment Ihrem Gefühl nach und beenden Sie die Übung, indem Sie sich erneut auf den Atemfluss konzentrieren.
Stellen Sie sich nun auf eine neue Überschrift ein: „Weihnachten“. Nehmen Sie den zuerst auftauchenden Gedanken wahr und verfahren Sie weiter wie oben beschrieben.

„Labeln“, Finden von Überschriften

Wenn Sie das nächste Mal in einer Übung sind und sich zum hundertsten Mal beim Abschweifen der Gedanken ertappen, versuchen Sie innerlich „denken, denken …“ zu formulieren. Immer, wenn ein neuer Gedanke zu einem beliebigen Thema auftaucht, sagen Sie sich innerlich „denken, denken …“. Das klingt zwar banal, ist aber eine gute Möglichkeit, in Distanz zu Gedanken zu gehen und sich nicht darin zu verlieren. Viele Menschen empfinden dies als sehr hilfreich. Eine weitere Option ist, die Gedanken zuzuordnen. Handelt es sich beispielsweise um Gedanken zum Thema „sich sorgen, etwas wünschen oder planen“? Betiteln Sie den Gedanken mit dem jeweiligen Bereich „sich sorgen“, „etwas wünschen“ und so weiter.
Eine dritte, wenn auch nicht weniger effektive Möglichkeit ist es, nur zu unterscheiden zwischen „alter Gedanke“ und „neuer Gedanke“. Sie werden überrascht sein, wie wenig Neues unser Gehirn produziert. Wenn man sich dessen freundlich bewusst wird, kann das sehr entlastend sein, bisweilen sogar Spaß machen.

Gedanken wie Wolken am Himmel ziehen lassen

Es hat sich gezeigt, dass diese Metapher häufig missverstanden wird. Eigentlich meint sie: Man schaut in den Himmel, sieht das Blau des Himmels und dann kommt eine Wolke vorübergehend in das Gesichtsfeld. Sie verdeckt den blauen Himmel, zieht aber mit dem Wind weiter und verschwindet somit aus dem Blickfeld. Wichtig ist es, mit den Augen nicht an der verdunkelnden Wolke hängen zu bleiben, sondern den Blick konzentriert weiter auf das Blau des Himmels auszurichten, ohne sich irritieren zu lassen.
Ich habe die Wahl, mit den Augen der Wolke zu folgen oder beim ursprünglichen Betrachten „des blauen Himmels" zu bleiben, wenn ich es rechtzeitig bemerke!

Die Metapher mit dem vorbeifahrenden Zug

Stellen Sie sich folgendes vor:
Sie kommen an einen Bahnübergang, den Sie überqueren wollen. Die Bahnschranke geht runter, es ist weit und breit nichts zu hören oder zu sehen. Langsam kann man aus der Ferne das Rattern eines sich nähernden Zuges hören, zu sehen ist er immer noch nicht. Dann taucht er in Sichtweite auf. Er nähert sich erstaunlich schnell und wird immer lauter. In dem Moment, wo er auf Höhe der Bahnschranke an Ihnen vorbeifährt, ist sogar der Luftzug so groß, dass Sie das deutlich spüren können. Langsam wird es wieder ruhiger, der Zug schwindet aus dem Sichtfeld und ist auch schon bald nicht mehr zu hören. So ähnlich ist es mit unseren Gedanken. Je nachdem, ob es sich um einen Bummelzug, einen Schnellzug oder gar einen Güterzug handelt, sind der Lärm und die Erschütterung deutlicher zu spüren. Wichtig ist nur, dass wir den Zug wahrnehmen. Aber nicht auf jeden Zug müssen wir

aufspringen. Es gilt, ihn mit Distanz an sich vorbeifahren zu lassen. Was beschäftigt Sie, nachdem Sie diese Metapher gehört oder gelesen haben? Suchen Sie nach Parallelen in Ihrem Leben und lassen Sie den Nachhall auf sich wirken. Nehmen Sie sich ruhig Zeit.

Der Bergsee, eine Parallele zu unserer Gedankenwelt

Nehmen Sie sich einige Minuten Zeit, um zur Ruhe zu kommen. Konzentrieren Sie sich auf den Atemfluss oder die Geräusche, die Sie außerhalb oder innerhalb des Raums wahrnehmen. Lassen Sie nun vor Ihrem inneren Auge das Bild eines in großer Höhe gelegenen Bergsees entstehen. Der See liegt einsam und weit entfernt von menschlichen Ansiedlungen. Rund um den See wachsen Schilfpflanzen und es duftet nach Kräutern und Gras. Die um den Bergsee liegenden, steil aufragenden Berggipfel spiegeln sich in der glatten Seeoberfläche.
Zu hören sind nur das Summen der Bienen und das Zwitschern der Bergvögel. Der See wird von einem kleinen Wildbach gespeist, der in der Ferne zu sehen ist. Diese himmlische Ruhe wird nun unterbrochen von einer Gruppe Bergsteiger, die sich in der Nähe des Bergsees zur Vesperpause niederlässt. Stimmengemurmel ist zu hören, Geräusche vom Öffnen der Rucksäcke und vom Klappern der Bestecke, die ausgepackt werden.
Einer der Bergsteiger nimmt, nachdem er fertig gegessen hat, einen kleinen Kieselstein und läuft zum See. Er wirft den Stein mit angewinkeltem Arm in den See, er möchte den Stein hüpfen sehen.
Platsch, nur dieses Geräusch ist zu hören. Der Stein hüpft nicht, sondern versinkt sofort im See. Die Oberfläche des Sees ist nun nicht mehr glatt. An der Stelle, wo der Stein

versunken ist, bilden sich kleine Wellen, die zum Ufer hin immer kleiner werden.
Nach einer Weile liegt der See wieder ruhig da, wie zuvor.
Nun macht sich die ganze Gruppe daran, Steine zu sammeln und zum See zu gehen. Jeder versucht, seine Steine so zu werfen, dass sie hüpfen, was aber den wenigsten gelingt. Man hört nur, wie es platscht. Immer wieder werden neue Steine geholt. Durch das ständige Werfen der Steine brodelt der See so richtig. Welle folgt auf Welle, kleine und große Wellen wechseln einander ab.
Die Gruppe verliert bald die Lust, Steine zu werfen, packt die Rucksäcke zusammen und geht weiter. Bald darauf liegt der See wieder ruhig da und man sieht erneut die Spiegelungen der umgebenden Berggipfel.
So ähnlich können wir uns den menschlichen Geist vorstellen. Ein Gedanke, der auftaucht, ist wie der erste Steinwurf: Er aktiviert den nächsten Gedanken und manchmal ganze Gedankenketten. Bei starken Gefühlen, negativen Gedanken und Bewertungen ist unser Geist so aufgewühlt wie dieser Bergsee. Aber auch solch ein „Sturm“ geht vorbei. Wenn wir den Mechanismus erkennen, können wir uns vielleicht mit dem Bild des friedlich daliegenden Bergsees beruhigen.

Wenn Sie feststellen, dass Ihre Konzentrationsfähigkeit nachlässt und die Meditation dadurch an Schärfe verliert, können Sie mithilfe Ihrer Erinnerung das Bild wieder fokussieren. Das bedeutet, dass die gegenwärtig unwichtigen Dinge wie mit einem Filter in den Hintergrund treten, um die Aufmerksamkeit beim Eigentlichen zu halten.
Erfahrene Übende können längere Zeit in höchster Konzentration verweilen, ohne sich von äußeren oder inneren Einflüssen stören zu lassen. Aber das ist ein längerer Weg. Der Geist kommt erst zur Stille, wenn die Sinne ruhig werden. Es ist die Stille, die uns das Wesentliche des Lebens

erahnen lässt. Wenn wir viel machen und aufnehmen, scheinen wir viel zu erleben, wir fühlen uns bereichert. Aber häufig ist das Gegenteil der Fall. Durch die Reduzierung von Sinnesüberflutung werden unsere Sinne geschärft. Wir können uns allmählich beruhigen.

Das Sprichwort „Weniger ist mehr" kennt jeder. Dies ist keine leere Redewendung, sondern trifft die Sache im Kern. Wir sollten uns daran gewöhnen, diesen Ausspruch nicht nur zu benutzen, sondern ihn zu beherzigen.

Gegenwärtig sein

Ein Buch, das in meiner Erinnerung einen besonderen Platz hat, ist „Momo" von Michael Ende. Darin ist eine Geschichte von Beppo Straßenkehrer, der eine lange Unterhaltung mit Momo führt. Beppo Straßenkehrer ist damit beauftragt, eine lange, lange Straße zu kehren. Wie er dies bewältigt, beschreibt er Momo in einem Gespräch. Sinngemäß sagt er zu Momo, dass man sich beim Kehren nie die endlos lange Straße vorstellen darf, sondern immer nur an den nächsten Schritt, den nächsten Besenstrich denken soll. Wenn man sich die Straße so einteilt, würde es viel leichter fallen, weil man dann die Endlosigkeit aus dem Blick verliert und immer nur in kleinen Etappen arbeitet und denkt.

„Step by step" ist auch eine Äußerung von Marsha Linehan, welche prägend ist, wenn man sie verinnerlicht hat. Schritt für Schritt vorgehen und nicht immer an den großen Berg von Problemen denken, welchen wir vor uns haben oder zu haben glauben. Wir sind häufig schon beim nächsten Schritt und der gegenwärtige wird nicht wahrgenommen.

Manchmal – in schweren Lebensphasen – scheint alles zu einem riesigen Problemberg zu werden. In einer schweren Phase in meinem Leben, als ein mir sehr nahestehender

Mensch an Krebs erkrankte und nur noch einige Monate zu leben hatte, half mir folgende Aussage einer Sozialarbeiterin sehr: „Nicht die ganze Katastrophe, die über einem schwebt, im Auge behalten, sondern sich erst mal um das kümmern, was einem direkt vor die Füße fällt …“
Das heißt: Achtsam Schritt für Schritt dem begegnen, was gegenwärtig ist, auch wenn man es sich anders gewünscht hat. Nur so kann man in schwierigen Lebensphasen anderen helfen und besser mit seinen eigenen Energien haushalten.

Lassen Sie das Gelesene auf sich wirken und bleiben Sie einige Minuten bei Ihren Gefühlen und Ihren Gedanken. Atmen Sie ruhig und bewusst mit allem, was Sie gerade beschäftigt.
Nehmen Sie aufsteigende Impulse, etwas beschleunigen oder manipulieren zu wollen, wahr.
Was taucht in Ihrem Inneren auf, wenn Sie die Worte Geduld und Akzeptanz hören?
Bleiben Sie, wenn möglich, mit der Aufmerksamkeit noch etwas beim Thema.
Versuchen Sie, sich damit anzufreunden, sich mehr mit dem zu befassen, was Ihnen „direkt vor die Füße fällt“. Hören Sie damit auf, sich in Sorgen zu verlieren. Wenn wir uns sorgen, nehmen wir in der Regel etwas Befürchtetes, was noch nicht eingetreten ist, vorweg.
Das Sich-Sorgen befreit uns nicht von den Sorgen. Die Sorgen nehmen uns nur die Freude am Heute. Kommen Sie nun langsam mit der Übung zum Ende und nehmen Sie sich den zuletzt gehörten Satz zu Herzen. Wenn Sie sich das nächste Mal beim Sorgen ertappen, versuchen Sie, freundlich zu überprüfen, wie viel Raum das Sich-Sorgen gegenwärtig einnimmt.

Alltagsübung zum Thema Geduld

Wenn Sie ein ungeduldiger Mensch sind, überlegen Sie einmal, in welchen Bereichen Ihres alltäglichen Lebens sich Ungeduld zeigt.
Suchen Sie sich ein bis zwei konkrete Situationen heraus, von denen Sie beabsichtigen, Geduld zu üben. Sind Sie zum Beispiel anfällig für Ungeduld in einer Warteschlange, wie im Supermarkt an der Kasse, können Sie dies als Übungsfeld nutzen. Wenn Sie das nächste Mal an einer Kasse warten, suchen Sie sich nicht die kürzeste, sondern bewusst eine längere Warteschlange aus, um sich anzustellen. Wichtig ist, dass Sie nur dann üben, wenn Sie keinen wichtigen Termin vor sich haben. Sie sollten sich dabei erwischen, dass Sie es mal wieder eilig hatten, obwohl keine Eile geboten war.
Begeben Sie sich bewusst in diese Situation und registrieren Sie detailliert, wie es sich anfühlt. Wenn Sie sich so richtig herausfordern wollen, könnten Sie noch die Person hinter Ihnen, besonders wenn deren Einkaufswagen voll ist, vorlassen. Manchmal ist es hilfreich, sich zu verdeutlichen, dass eine Reaktion unangemessen ist und dass es wenig Chancen gibt, etwas zu beschleunigen. In solchen Situationen ist es gut, bewusst und möglichst ruhig mit dem Gefühl der Ungeduld weiter zu atmen und zu beobachten, wie sich die Situation entwickelt.

Entschleunigung durch Gehmeditation

Eine sehr hilfreiche Übung der Entschleunigung ist die Gehmeditation. Es ist ein durchaus vertrautes Szenarium: Meist hetzen wir durchs Leben, berufliche Termine und Freizeitaktivitäten wechseln sich ab. Das eine jagt das andere. Ohne Ziel zu sein wird als Makel empfunden. Wir beeilen uns, um schneller zu erreichen, was wir uns vorgenommen haben, mit dem Ziel, Zeit zu sparen. Aber was machen wir mit der gewonnenen Zeit? Wir füllen sie mit weiterem Aktionismus aus. In der Gehmeditation können wir Entschleunigung gezielt üben und erfahren. Letztlich ist das Gehen dann Stille in Bewegung, also fließend bewegte Achtsamkeit. Absichtsloses Gehen meint, wir gehen nicht, um irgendwohin zu gelangen, sondern wir gehen, um zu gehen. Es gibt kein Ankommen, nur das ununterbrochene Ankommen im gegenwärtigen Augenblick. Gehmeditation ist ein wirksames Mittel, der Sucht, in kürzester Zeit so viel wie möglich zu erledigen, entgegenzuwirken. Es birgt die Möglichkeit der bewussten Entschleunigung in sich.

Stehen Sie aufrecht. Legen Sie Ihre Hände auf Höhe des Bauchnabels auf Ihren Bauch.
Die Augen sind mit weichem Blick auf den Boden gerichtet. Verlagern Sie das Gewicht auf das linke Bein, heben Sie das rechte an und bewegen Sie es langsam nach vorn. Setzen Sie die Ferse auf, rollen Sie den Fuß ab und verlagern Sie dann das Gewicht auf das rechte Bein. Führen Sie nun dieselben Bewegungen mit dem linken Bein aus: Heben, bewegen, aufsetzen, abrollen, Gewicht erneut verlagern.
Die Kontinuität der Bewegung und der monotone Ablauf können tiefe Ruhe aufkommen lassen. Sie werden erfahren, dass der Körper zwar geht, der Geist aber häufig mit etwas völlig anderem beschäftigt ist. Nehmen Sie dies freundlich zur Kenntnis und richten Sie die Aufmerksamkeit dann wieder auf die Schrittfolge. Gehen Sie so, als würden Ihre Füße einen Abdruck im Sand hinterlassen, Schritt für Schritt, Augenblick für Augenblick. Manchmal stellen sich Atmung und Schrittfolge aufeinander ein, aber versuchen Sie dies nicht zu erzwingen, indem Sie sich anstrengen. Wenn Ihre Gedanken auf Wanderschaft sind, nehmen Sie freundlich wahr, um welche Gedanken es sich handelt. Las-

sen Sie die Gedanken ziehen wie Wolken am Himmel und richten Sie die Aufmerksamkeit erneut auf das aus, was Sie gerade tun, in diesem Fall das Gehen.
Bleiben Sie für einige Minuten in der Übung. Beobachten Sie auch Impulse, schneller werden zu wollen, Wichtigeres zu tun zu haben oder gar gelangweilt zu sein.
Gehen Sie einfach bewusst weiter, Schritt für Schritt, Atemzug für Atemzug.

Gehmeditation kann man in jedem beliebigen Tempo und überall ausführen, beispielsweise auf dem Weg zur Arbeit, zum Auto. Wenn Sie bemerken, dass Sie hastiger werden, nehmen Sie einfach das Tempo heraus und gehen Sie einige Schritte bewusst langsamer. Machen Sie sich im Rahmen der Gehmeditation auch klar, dass Sie dadurch die Grundeinstellung, mit der Sie ein Ziel erreichen, in positiver Art und Weise verändern können. Wie Kabat-Zinn sagt: „Wenn Sie sich das Hier entgehen lassen, werden Sie wahrscheinlich auch das Dort verpassen."
Im Eingangsbereich unserer Klinik gibt es eine Drehtür. Sie ist ein wunderbares Mittel, um sich seines Gehetztseins bewusst zu werden. Wenn man sie langsam betritt, dreht sie sich langsam weiter und man gelangt somit ohne Probleme in das Innere/Äußere des Gebäudes. Wenn man hektisch oder zu schnell eintritt, hält sie an, auch mehrfach. Das führt manchmal dazu, dass besonders genervte Menschen an ihre Grenzen kommen. Es ist mitunter interessant, dies eine Weile zu beobachten.
Das Passieren der Drehtür ist ein Lernprozess für Patienten und Personal gleichermaßen. Ich nutze sie als Gelegenheit, freundlich innezuhalten, wenn ich mich bei altbekannten Verhaltensmustern ertappt habe.
In diesem Zusammenhang weise ich auf die Übung „Achtsames Zuspätkommen" im ►Kapitel „Boxenstopp am Arbeitsplatz und im Alltag" hin, eine interessante Übung.

Das Loch in der Straße

Ich gehe eine Straße entlang.
Da ist ein tiefes Loch im Gehsteig.
Ich falle hinein.
Ich bin verloren.
Ich bin ohne Hoffnung.
Es ist nicht meine Schuld.
Es dauert endlos, wieder hinauszukommen.
Ich gehe dieselbe Straße entlang.
Da ist ein tiefes Loch, ich falle wieder hinein.
Ich kann nicht glauben,
schon wieder am gleichen Ort zu sein.
Aber es ist nicht meine Schuld.
Immer noch dauert es sehr lange, herauszukommen.
Ich gehe dieselbe Straße entlang.
Da ist ein tiefes Loch.
Ich falle schon wieder hinein … aus Gewohnheit.
Meine Augen sind offen. Ich weiß, wo ich bin.
Es ist meine Schuld.
Ich komme auch sofort wieder heraus.
Ich gehe dieselbe Straße entlang.
Da ist ein tiefes Loch.
Ich gehe darum herum.
Ich gehe eine andere Straße.

(aus Sogyal Rinpoche: Das tibetische Buch vom Leben und Sterben. Ein Schlüssel zum tieferen Verständnis von Leben und Tod. O. W. Barth Verlag © 2010)

Die Bedeutung von Mitgefühl

Um echtes Mitgefühl entwickeln zu können, bedarf es der Bereitschaft, sich mit den eigenen Gefühlen zu verbinden. Sich achtsam um sein eigenes Wohlergehen zu kümmern, auch wenn sich das anfänglich fremd anfühlt, sind die Vorraussetzung und das Fundament für einen fürsorglichen Umgang mit sich und seinen Mitmenschen. Man sollte sich dies verdeutlichen und sich dem Thema in einer annehmenden Haltung öffnen.

Mitgefühl entwickeln, Einstiegsübung

Versuchen Sie, etwas tiefer einzuatmen und die Ausatmung zu verlängern, einen sogenannten besänftigenden Atemrhythmus zu finden. Halten Sie nun innerlich Ausschau nach einem Ereignis der jüngsten Vergangenheit, bei dem Sie sich wohlgefühlt, sich gefreut oder etwas Nettes erlebt haben. Es braucht nichts Großartiges sein, es kann auch eine kleine nette Begebenheit sein. Denken Sie eine Weile daran. Vielleicht können Sie sich an ein dazugehöriges Gefühl erinnern oder jetzt, da Sie an die Situation denken, wieder spüren. Um welches Gefühl handelt es sich? Versuchen Sie, dieses Gefühl innerlich zu benennen. Wo, in welchem Bereich Ihres Körpers können Sie das Gefühl spüren? Dann legen Sie ein leichtes Lächeln auf Ihr Gesicht. Denken Sie mit dieser freundlichen inneren Haltung weiter an das Ereignis. Beobachten Sie, ob und, wenn ja, wie sich Ihre Wahrnehmung verändert.
Entspannen Sie das Gesicht nun wieder. Richten Sie die Aufmerksamkeit für ein paar Atemzüge auf den Atemfluss. Suchen Sie nun nach einem Ereignis der jüngsten Vergangenheit, bei welchem Sie sich geärgert haben, sich ungerecht behandelt fühlten oder traurig waren.

Denken Sie eine Weile an diese Begebenheit. Vielleicht können Sie sich auch dafür an ein dazugehöriges Gefühl erinnern oder jetzt, da Sie an diese Situation denken, wieder spüren. Um welches Gefühl handelt es sich nun? Versuchen Sie, dieses Gefühl innerlich zu benennen. Wo, in welchem Bereich Ihres Körpers können Sie das Gefühl spüren?
Legen Sie ein leichtes Lächeln auf Ihr Gesicht und denken Sie mit dieser freundlichen, annehmenden Haltung weiter an das Ereignis. Beobachten Sie, ob und, wenn ja, wie sich Ihre Wahrnehmung verändert.
Versuchen Sie, sich innerlich zu sagen: „So war das eben." Wiederholen Sie dies mehrmals langsam.
Entspannen Sie das Gesicht nun wieder. Richten Sie die Aufmerksamkeit für ein paar Atemzüge auf den Atemfluss, um sich mit dem Atem im gegenwärtigen Moment zu verankern.
Versuchen Sie, die Ausatmung im Vergleich zur Einatmung etwas zu verlängern.

Mitgefühl für sich und andere

Achtsamkeit bedeutet zu wissen, was man erlebt, während man es erlebt, ohne es zu bewerten. Doch manchmal ist das, was wir fühlen, sehr schmerzhaft und wir können es nicht lassen, gegen die Erfahrung anzukämpfen und uns zu kritisieren. Das ist der Augenblick, in welchem wir üben können, uns selbst gegenüber eine neue Haltung einzunehmen. Wir entwickeln Mitgefühl gegenüber uns selbst. Achtsamkeitsübungen können dazu beitragen, diese Fertigkeit des Mitgefühls und des Selbstmitgefühls zu kultivieren. Das bedeutet, auf innere kritische Stimmen und schwierige Gefühle mit Akzeptanz, Fürsorge und Verständnis zu reagieren oder es zumindest zu versuchen und sich langsam daran zu gewöhnen.

Viele Menschen denken, dass sie zu Selbstmitgefühl nicht in der Lage sind. Aber jeder kann dies üben und dadurch zukünftig zu mehr Mitgefühl in der Lage sein. Es bedarf „nur“ einer Entscheidung, aber auch viel Mut, sich dem anzunähern.

- Selbstmitgefühl kann jeder erlernen – auch Menschen, die wenig Zuneigung in ihrer Kindheit erfahren haben oder für die es sich unangenehm anfühlt, freundlich zu sich zu sein.
- Selbstmitgefühl ist eine mutige geistige Haltung, die uns widerstandsfähiger gegenüber Verletzungen macht, auch den Schäden, die wir uns unwillentlich selbst zufügen, indem wir uns selbst verurteilen, zurückziehen und in selbstbezogenes Grübeln verfallen.
- Selbstmitgefühl erhöht die emotionale Stärke und Widerstandsfähigkeit.
- Manchmal ist Selbstmitgefühl die Chance, um uns unsere Unzulänglichkeiten einzugestehen und uns selbst zu vergeben.

Mitgefühl ist auch ein wichtiger Faktor, wenn es darum geht, sich zu beruhigen. Wer sich nicht beruhigen kann, ist auch nicht in der Lage, seine Umgebung zu erkunden oder sich seinen Mitmenschen gegenüber zu öffnen. Viele Menschen können zwar Mitgefühl für andere empfinden, doch manchmal wächst es sich bis zu einem exzessiven Helfersyndrom aus. Trotzdem gibt es in Bezug auf die eigene Person innere Widerstände und Ängste. Tatsächlich verbringen wir sehr viel Zeit damit, darüber nachzudenken, wie wir auf andere Menschen wirken, wie wir wahrgenommen werden. Wir orientieren uns mit unserer Wahrnehmung stark nach außen.

Wir können uns übend damit vertraut machen, dass die eigenen Gefühle sinnvoll sind und ihnen dann mit Offenheit und Mitgefühl begegnen. Es handelt sich meist um aversive Gefühle, wie Wut, Trauer Neid und viele mehr, aber auch solche, die mit Zuneigung verbunden sind. Es gilt, die Bereitschaft und den Mut aufzubringen, sich dafür zu sensibilisieren. Wir können davon ausgehen, dass das Entwickeln oder Wiederbeleben von Mitgefühl uns selbst nährt, in Form von Zuwendung und innerer Wärme. Manchmal muss man sich dafür entscheiden, seine Verbitterung – woher auch immer sie kommen mag – ein Stück weit aufzugeben. Kinder sind übrigens sehr mitfühlend.

Eine Möglichkeit, sich mit dem Thema Mitgefühl vertraut zu machen, ist, sich in der Vorstellung Bilder oder Gedanken aufzurufen, um letztlich darüber eine Reaktion im Gehirn und im Körper zu bewirken. Viele Patienten sagen „Ich kann nicht imaginieren". Sie können sich nichts vorstellen, was nicht da ist. Aber wenn man jemanden auffordert, sich eine saftige Zitrone vorzustellen, ist dies erfahrungsgemäß auch möglich. Manchem läuft sogar das Wasser im Munde zusammen. Das zeigt, dass Imagination körperliche Reaktionen hervorruft. Das ist ein beeindruckendes Phänomen, wie ich finde.

Mitfühlende Aufmerksamkeit ist die Basis für alle angeführten Achtsamkeitsübungen in diesem Buch. Nicht zuletzt zieht sich das „leichte Lächeln", auf das immer wieder hingewiesen wird, wie ein roter Faden durch viele Achtsamkeitsübungen. Lächeln aktiviert das Mitgefühl und die Freundlichkeit mit sich selbst oder dem Inhalt der jeweiligen Übung. Von allein lächeln Menschen nur selten, man braucht anfänglich diesen Erinnerungsimpuls. Wenn wir manchmal, wenn auch nur für kurze Momente, dieses warme Gefühl erleben dürfen, können wir es leichter im eigenen Leben und im Umgang mit unseren Mitmenschen umsetzen.

Einige der folgenden Übungen stammen aus einem Workshop mit Professor Paul Gilbert. Sie sind entsprechend der Achtsamkeitsarbeit mit Patienten in unserer Klinik angepasst und haben sich als sehr hilfreich erwiesen.

Imagination mitfühlende Farben, Einstiegsübung

Diese Übung eignet sich, um sich dem Thema Mitgefühl zu öffnen. Es ist leichter und weniger bedrohlich, in der Vorstellung mit einer Farbe zu arbeiten.

Stellen Sie sich eine Farbe vor, die Sie mit Mitgefühl in Verbindung bringen. Es sollte eine Farbe sein, bei der Sie ein Gefühl von Wärme und Güte empfinden. Die Farbe Ihrer Vorstellung kann ganz klar sein oder ein flüchtiger Eindruck, ein Hauch von einer Farbe oder eine Mischfarbe. Die Konsistenz kann eine Art Nebel, Watte, Wolke, Wasser oder etwas anderes sein. Wenn Sie bereit dazu sind, stellen Sie sich vor, dass Sie von dieser mitfühlenden Farbe vollkommen umgeben, darin eingebettet sind. Unterstützen Sie Ihre Vorstellung durch ein freundliches Lächeln.
Versuchen Sie, sich vorzustellen, dass die Haupteigenschaft dieser Farbe eine umfassende, wärmende Güte ist. Sie fließt durch Ihren Brustkorb in der Herzgegend in Ihren Körper hinein und dehnt sich langsam im gesamten Körper aus. Lassen Sie einen gütigen Ausdruck auf Ihrem Gesicht erscheinen. Vielleicht können Sie sich sogar vorstellen, dass Ihre persönliche Farbe Ihnen helfen möchte und Ihnen wünscht, dass Sie glücklich sind. Konzentrieren Sie sich darauf, diese Absicht wahrzunehmen. Seien Sie offen für alles, was Sie im Körper spüren. Wo nehmen Sie etwas wahr? Welches Gefühl können Sie erkennen und was passiert auf der gedanklichen Ebene? Achten Sie nun in der verbleibenden Zeit auf Ihren Atem und versuchen Sie, Ihren besänftigenden Atemrhythmus wiederzufinden oder für einen Moment länger zu halten. Nehmen Sie sich ruhig Zeit.

Sie möchten sich diese Übung gerne anhören?
Sie finden sie auch als Audiodatei zum Download unter www.schattauer.de/3119.html

Imagination mitfühlende Farben, Gruppenübung

Es ist ein wunderbares Erlebnis, sich über die eigene Person hinaus vorzustellen, wie ein Raum mit mehreren Menschen von deren wärmenden Farben gefüllt ist. Wie fühlt sich das in Ihrer Vorstellung an, wenn sich aus der Nachbarschaft fantasierte warme Farben nähern? Wie fühlt sich das Innere des Raums an? Machen Sie sich klar, dass alle Anwesenden eine eigene Farbe haben, dass aber der Raum alle umfasst und zusammenhält. Verweilen Sie mit freundlichem, gütigem Gesichtsausdruck noch einen Moment bei Ihrem Erleben. Was ist jetzt anders als vorher? Welches Gefühl können Sie wahrnehmen? Welche Gedanken beschäftigen Sie? Zum Ende der Übung konzentrieren Sie sich auf den besänftigenden Atem und öffnen Sie langsam Ihre Augen.
Sie können, beispielsweise in der Kunsttherapie, das Vorgestellte und oder Erlebte auf der Bildebene gestalten.

Imagination mitfühlende Güte, Fortgeschrittenenübung

Versuchen Sie zunächst, einen besänftigenden Atemrhythmus zu finden. Der Atem fließt tief und ruhig, die Ausatmung ist im Verhältnis zur Einatmung verlängert. Erinnern Sie sich an die freundliche annehmende Haltung. Denken Sie dann an eine Person, die Sie gern haben oder

lieben. Es kann sich auch um ein Tier handeln. Wer oder was taucht in Ihrem Inneren auf? Denken Sie weiter an diese Person (oder dieses Tier) und formulieren Sie dann folgende Sätze:
Möge es dir gut gehen.
Mögest du glücklich sein.
Mögest du frei sein von Leid.
Spüren Sie, was in Ihrem Inneren abläuft. Gibt es zunächst Widerstände? Vielleicht entwickelt sich ein Gefühl von Wärme, Zärtlichkeit oder Nähe. Was es auch sein mag, bleiben Sie einen Moment gedanklich darauf fokussiert. Verinnerlichen Sie die entstandene Atmosphäre.
Denken Sie nun an eine Person, mit der Sie eher Schwierigkeiten haben. Das kann eine Person sein, welche Sie nicht so mögen oder über die Sie sich zuweilen ärgern.
Nehmen Sie auftauchende Abneigung und Ablehnung zur Kenntnis. Lenken Sie Ihre Aufmerksamkeit nun auf die Tatsache, dass dieser Mensch einfach anders ist, als Sie ihn sich vielleicht wünschen, aber von anderen genau so geschätzt wird, wie er ist.
Versuchen Sie nun, dieser Person Folgendes mental zu wünschen. Formulieren Sie die Sätze ruhig und mit Mitgefühl:
Möge es dir gut gehen.
Mögest du glücklich sein.
Mögest du frei sein von Leid.
Spüren Sie, was in Ihrem Inneren abläuft. Was es auch sein mag, bleiben Sie gedanklich für einen Moment darauf fokussiert. Überprüfen Sie Ihren besänftigenden Atemrhythmus und Ihre freundliche Haltung. Wenn Sie abschweifen, denken Sie daran, dass Ihr Verhalten und Ihre Absichten entscheidend sind. Gefühle können und werden später folgen.
Seien Sie sanft zu sich und gestatten Sie sich nun, die Wünsche, die Sie anderen Personen haben zukommen lassen, an sich selbst zu richten. Tun Sie dies mit der gleichen freundlichen, mitfühlenden Haltung.

Möge es dir gut gehen.
Mögest du glücklich sein.
Mögest du frei sein von Leid.
Spüren Sie, was in Ihrem Inneren abläuft. Nehmen Sie auftauchende Gedanken und Gefühle wahr. Spüren Sie, so gut es Ihnen gelingt, in sich hinein. Verbringen Sie einige Zeit mit der Gewissheit, dass es sich um eine Übung handelt. Üben heißt, etwas, was man noch nicht gut kann, durch das „Tun" zu erlernen oder zu vertiefen!
Am Ende der Übung richten Sie Ihre Aufmerksamkeit vermehrt auf Ihre Atmung, um erneut einen besänftigenden Atemrhythmus zu finden. Der Atem fließt ruhig und tief, die Ausatmung ist im Verhältnis zur Einatmung verlängert. Bleiben Sie so konzentriert wie möglich beim Wahrnehmen.

Selbstmitgefühl, Übung

Diese Übung für den Körper kennen Sie vielleicht aus dem Yoga. Stehen Sie aufrecht, die Füße stehen hüftbreit und die Arme hängen locker neben dem Körper. Atmen Sie einen Moment in Ruhe. Wenn es Ihnen möglich ist, schließen Sie Ihre Augen. Heben Sie nun einatmend Ihre Arme seitlich gestreckt bis auf Schulterhöhe. Überkreuzen Sie die Arme ausatmend so vor Ihrer Brust, dass die linke Hand auf der rechten Schulter ruht und die rechte Hand auf der linken Schulter. Spüren Sie die Berührung der Hände mit den Schultern, die Wärme der Berührung und das Heben und Senken der Schultern, was durch das Ein- und Ausatmen verursacht wird. Versuchen Sie, während Sie so stehen und atmen, Mitgefühl für sich selbst zu entwickeln. Haben Sie Verständnis für sich und Ihre Situation. Versuchen Sie, die Dinge so, wie sie gegenwärtig sind, anzunehmen. Verstehen Sie diese Körperhaltung als eine Einladung, bei sich selbst anzukommen, wie in einem Zuhause. Üben Sie, den Körper nicht nur als Hülle, in der Sie stecken, zu sehen, sondern als Ganzheit, welche die schwierigen sowie die positiven Dinge, sowohl auf der geistigen als auch der körperlichen Ebene, umschließt. Bleiben Sie eine Weile so. Bei der nächsten Einatmung öffnen Sie die gekreuzten Arme, um sie bis auf Schulterhöhe zu strecken. Bei der nächsten Ausatmung senken Sie die Arme ab und lassen sie neben dem Körper hängen. Atmen Sie so einige Male und spüren Sie nach. Wiederholen Sie den Bewegungsablauf einige Male mit der entsprechenden Grundhaltung. Tun Sie dies langsam und ohne Schwung. Versuchen Sie, so genau wie möglich wahrzunehmen, was diese Übung gedanklich und gefühlsmäßig in Ihnen bewirkt.

Annehmen und Akzeptanz

Fragen Sie sich selbst einmal, wie häufig Sie möchten, dass Menschen in Ihrem Umfeld, oder auch Sie selbst, anders sind. Doch versuchen Sie einmal, einen Apfel zu einer Birne zu machen. Essen Sie den Apfel und schmecken Sie den Apfel. Sehnen Sie sich, während Sie den Apfel essen, nach dem Geschmack einer Birne, dann ist der Apfel viel zu sauer. Es geht darum, zu akzeptieren was ist. Was ich ablehne, wächst manchmal ins Unermessliche.

Annehmende Haltung

Suchen Sie sich in Gedanken eine Situation der letzten Tage oder Wochen heraus, welche Ihnen unangenehm war. Lassen Sie diese vor Ihrem inneren Auge entstehen. Bleiben Sie mit Ihrer Aufmerksamkeit in dieser Situation und fügen Sie innerlich: „Das ist unglaublich, das ist ungerecht. Nein, so darf das nicht sein." hinzu. Wiederholen Sie diese Bemerkung mehrfach. Ballen Sie nun Ihre Hände zu Fäusten und beißen Sie die Zähne aufeinander. Atmen Sie genau in den Bereich Ihres Körpers, den Sie im Moment am stärksten wahrnehmen können. Wiederholen Sie Ihre Kommentare mehrfach still für sich und beobachten Sie Ihre Körperwahrnehmung. Um sie zu verstärken, stellen Sie sich nun vor, wie sich Ihre Empfindungen in den nächsten Wochen oder Monaten weiterentwickeln werden, wenn Sie weiterhin „Das ist unglaublich, das ist ungerecht. Nein, so darf das nicht sein." sagen. Lösen Sie sich jetzt von der Vorstellung, indem Sie sich auf Ihren Atem konzentrieren.
Öffnen Sie nun langsam Ihre Fäuste und beginnen Sie, leicht zu lächeln, auch wenn Ihnen gerade nicht danach zu Mute ist. Sagen Sie sich in Gedanken: „So war (oder ist)

das eben." Wiederholen Sie diesen Satz mehrfach und vergessen Sie das Lächeln nicht. Schicken Sie Ihren Atem wieder an die Stelle im Körper, welche Sie gerade am deutlichsten spüren. Atmen Sie ruhig weiter und bleiben Sie mit der Konzentration beim Spüren, was sich gegenwärtig zeigt. Fragen Sie sich nun, wie Ihre Empfindung sich wohl in den nächsten Wochen und Monaten verändert, während Sie für sich weiter mit „So war das eben." kommentieren.

Versuchen Sie, alles so anzunehmen wie es in Ihrem Inneren auftaucht. Vielleicht gibt es Unterschiede in der Wahrnehmung, wenn Sie sich an die Situation mit geballten Fäusten oder mit Lächeln erinnern oder wenn Sie innerlich so oder so kommentieren?
Tatsache ist, es war so, wie es war, oder es ist so, wie es ist. Nur, weil wir es uns anders wünschen, ändert es sich rückwirkend nicht. Die Empfehlung ist, dass Sie am Ende dieser Übung Ihre Hände auf die Bauchdecke legen und noch einige vertiefte Atemzüge nehmen, um sich zu zentrieren und die Übung in Stille abzuschließen.

„Leben ist Zeichnen ohne Radiergummi." Meiner Meinung nach bringt dieser Spruch von einer Postkarte die Sache auf den Punkt. Annehmen heißt, die Situation so, wie sie sich im Augenblick darstellt, wahrzunehmen und in ihrem „So-Sein" zu akzeptieren. Diese Aussage bedeutet keinesfalls, dass man die Situation gutheißt oder billigt.

Radikale Akzeptanz

Es ist wichtig, sich in der Meditation den Unterschied zwischen Akzeptieren und Gutheißen klarzumachen. Viele Menschen haben in ihrer Vergangenheit schreckliche, belastende oder gar traumatische Erfahrungen gemacht. Das war mit Sicherheit schlimm, ist aber nicht zu ändern. Die Situation damals war so, wie sie war, sonst wäre sie anders gewesen. Dies sollte man sich immer wieder verdeutlichen, denn alle Überlegungen, die sich mit dem Damals beschäftigen, ändern an den Ereignissen der Vergangenheit nichts. Sie sind ein Teil unserer Geschichte. Indem wir sie annehmen, hören wir auf, sie als eine unglaubliche Belastung zu sehen, die wir immer mit uns herumtragen müssen. Es kostet unglaublich viel Energie, sich gedanklich und emotional mit belastenden Dingen aus der Vergangenheit zu beschäftigen. Das ist Energie, welche für das gegenwärtige Leben nicht in vollem Ausmaß zur Verfügung steht. Manchmal richtet sich der Fokus der Aufmerksamkeit ausschließlich oder schwerpunktmäßig auf Vergangenes. Wie schon erwähnt, gibt es Situationen im Leben, die wir nicht mehr verändern können. Alles, was in der Vergangenheit war, gehört dazu.

Wir müssen Erlebtes radikal akzeptieren, denn es ist nicht mehr veränderbar. Von den Eltern angefangen bis zu Erkrankungen in der Vergangenheit, von schweren Belastungen in der frühen Kindheit bis hin zu körperlichen Einschränkungen, wie Amputation, Diabetes, Herzfehler – wir können nichts davon verändern. Aber das Akzeptieren ist leichter gesagt als getan, es braucht viel Übung. Akzeptanz kann etwas sehr Befreiendes haben. Sätze wie: „Ja, so ist es und ich wehre mich nicht dagegen." „Es ist, wie es ist." helfen dabei.

Diese Form der Akzeptanz hat nichts mit Resignation zu tun. Es ist ein höchst aktiver Akt, das was ist, auch wenn wir es nicht verstehen oder gutheißen, anzunehmen. Mithilfe von Akzeptanz können wir Schritte gehen, die vorher nicht möglich waren, da wir vor Sorge, Hass und manchmal auch Neid erstarrt waren.

Unser Denken ist so beschaffen, dass wir permanent in Planspiele verstrickt sind. Wir wägen ständig Vor- und Nachteile gegeneinander ab, bis wir zu einer Entscheidung kommen. Leider beinhalten unsere Planspiele im Kopf auch völlig unsinnige Situationen und Entscheidungen, die schon längst gefallen sind. Wir können einfach nicht akzeptieren, dass zum Beispeil jemand gestorben ist, ein Wunschpartner sich für jemand anderen entschieden hat, wir eine chronische Krankheit haben und so weiter. Es sind unabänderliche Dinge, die wir nicht wahrhaben wollen. So läuft unser

„Was wäre wenn"-Spiel im Kopf immer weiter und verursacht schlechte Gefühle.

Der Ausdruck „radikale Akzeptanz" beschreibt eine Haltung, welche sogenannte weise (oft meditierende) Menschen gegenüber unabänderlichen Dingen einnehmen. Diese durch und durch annehmende Haltung bezieht auch die eigenen Emotionen, Gedanken und Wünsche mit ein.

Die Vergangenheit ist vorbei. Wir können nicht Entscheidungen, zum Beispiel zur Berufswahl, die vor Jahren gefallen sind, rückgängig machen. Wir können nicht Entscheidungen für eine Partnerschaft, die Jahre dauerte und vielleicht unglücklich war, ungeschehen machen. Wir können gewaltvolle Erfahrungen aus der Kindheit oder Verluste, die immer wieder Bilder in uns erzeugen, nicht löschen.

Wir müssen den Moment, so wie er ist, und unsere emotionale Reaktion darauf akzeptieren, ohne zu handeln. Wir müssen agieren, ohne zu reagieren. Das ist sinnvoll, weil sich die Situation nicht verändern lässt. Erinnerungen werden auftauchen, vielleicht gewaltvolle Erinnerungen. Doch wir lernen, sie zu akzeptieren, nicht zu handeln und auch gedanklich nicht blockiert zu sein. Wir wollen mit Distanz wahrnehmen, was war und was momentan ist, ohne es anders zu wünschen.

Die Veränderung hin zum Annehmen ist eine Veränderung hin zum Gleichmut. Verwechseln Sie nicht Gleichmut und Annehmen mit Gleichgültigkeit. Annehmen ist die Voraussetzung, um etwas in Bewegung kommen zu lassen. Unterdrücken ist die Garantie, etwas nicht zu bewältigen. Akzeptanz ist der Beginn einer Veränderung

Die Geschichte mit dem Löwenzahn

Eine Frau beschloss, einen Garten anzulegen. Sie bereitete den Boden vor und streute die Samen wunderschöner Blumen aus. Als die Saat aufging, wuchs auch der Löwenzahn. Die Frau versuchte, den Löwenzahn, den sie als Unkraut ansah, mit allen möglichen Methoden auszurotten, aber nichts half. Am Ende machte sie sich auf, um in der fernen Hauptstadt den Hofgärtner des Königs zu befragen. Der weise alte Gärtner, der schon so manchen Park angelegt hatte, gab ihr viele Ratschläge, wie der Löwenzahn loszuwerden sei. Aber was er auch vorschlug, die Frau hatte alles schon probiert. So saßen die beiden ratlos da, bis am Ende der Gärtner die Frau anschaute und sagte:
„Wenn denn alles, was ich dir vorgeschlagen habe, nichts genützt hat, dann gibt es nur einen Ausweg: Lerne, den Löwenzahn anzunehmen."

Welchen Nachhall hinterlässt diese Geschichte bei Ihnen? Beobachten Sie Ihre Gefühle und Ihre Gedanken. Gibt es Widerstände?
Wie ist Ihre Haltung zum Thema Annehmen?
Wie viel Energie verwenden Sie in Ihrem Leben, um dem „Löwenzahn" aus Ihrem „Lebensgarten" zu verbannen?
Wie viel Energie und Kraft kostet Sie das?
Inwieweit nehmen Sie die eigentliche Schönheit Ihres Gartens wahr? Können Sie überhaupt sehen, was alles jenseits des Löwenzahns wächst?
Was passiert, wenn Sie an Ihren Garten denken, an was denken Sie am meisten?
Nachdem Sie diese Fragen für sich beantwortet haben, nehmen Sie in aller Ruhe noch ein paar bewusste Atemzüge.
Formulieren Sie noch einige Male still für sich beim Einatmen das Wort „Annehmen" und beim Ausatmen das Wort „Freundlich".

Annehmen im Alltag

Diese Übung kann richtig Spaß machen und lässt sich unendlich ausdehnen. Suchen Sie in Ihrem häuslichen Umfeld ein bis zwei Dinge aus, die Sie so richtig stören, die Sie aber nicht so einfach verändern können. Das sind beispielsweise eine kaputte Fliese, ein Riss in der Wand, eine Macke an einem Möbelstück oder etwas ganz anderes. Es sollte etwas sein, worüber Sie sich aufregen, wenn Sie es wahrnehmen. Heften Sie einen kleinen Zettel mit einem Smiley an genau diese Stelle. Nehmen Sie sich vor, das nächste Mal, wenn Ihnen besagtes Defizit auffällt, zu lächeln und sich zu sagen „So ist das eben." Probieren Sie es aus.

Besonders gut funktioniert die Übung bei selbst gemachten Dingen: ein gemaltes Bild mit einem kleinen Fleck, ein gestrickter Pullover mit einem kleinen Strickfehler, ein schönes Foto mit einem kleinen Schatten von einem Haar auf der Linse – also immer Kleinigkeiten, die schief gelaufen, aber nicht zu ändern sind. Beobachten Sie, ob und wie sich Ihre Wahrnehmung verändert. Können Sie mit der Zeit Dinge etwas besser annehmen?

Die Rolle von Bewertungen

Die Frage ist: Wie bewerten wir Vergangenes? Wie verstärkt eine nachträglich negative Bewertung das ursprüngliche Problem? Annehmen wird erschwert durch ein manifestes Bewertungssystem.

Wir sollten uns überprüfen, ob wir im Sinne eines Vorurteils bewerten. Es würde bedeuten, dass wir urteilen, ohne die objektiven Tatsachen zu prüfen. Häufig passiert dies ganz schnell. Voreilig wird eine Meinung gefasst und/oder übernommen. Nicht selten ist sie geprägt von feindseligen Gefühlen gegen jemanden oder etwas.

Die Bewertung ist der Weg in das Gefühl, welches uns manchmal sehr belastet. Bewertung nährt dieses Gefühl und vergrößert das Gewicht, das wir mit uns herumschleppen. Ohne Bewertung hat die Emotion wenig Macht.

Es gibt diesen Satz, der von Marsha Linehan stammt: „Don't judge!" („Bewerten Sie nicht!") Er ist ein Schlagwort in der Dialektisch-Behavioralen Therapie, aber auch ein sehr wertvolles Motto für unsere Meditation. Sicherlich erscheint uns allen die Aufforderung „nicht zu bewerten" zunächst völlig unmöglich. Unser ganzes Leben besteht ja aus Bewertungen. Als Kleinkind, als Kind, ebenso als Heranwachsender und Erwachsener werden wir bewertet. Von den Eltern angefangen, über die Schule und den Beruf – Bewertungen, wohin man blickt. In manchen Bereichen ist es sogar unerlässlich zu bewerten, um Dinge messbar zu machen, zum Beispiel bei Prüfungen, Gutachten oder bei der Einschätzung von Gefahren.

Im Alltag sind Bewertungen aber häufig hinderlich. Sie ermöglichen uns nicht, die Dinge so zu sehen, wie sie wirklich sind. Wir vergleichen und ordnen in Schubladen, manches Mal zu voreilig, in negativ oder positiv.

Vom Sinneseindruck zur Bewertung – ein Automatismus

Wir bewerten also unsere Sinneseindrücke. Unseren Sinnen verdanken wir ja unser gesamtes Erleben. Ein Sinneseindruck löst naturgegeben fast automatisch eine Empfindung aus. Das heißt, wir wissen meist sofort, ob wir etwas mögen oder nicht, zum Beispiel bei Gerüchen (Bäckerei/Abgase) oder Musik.

Eine Sinneswahrnehmung bewirkt schnelle innere Prozesse, welche nicht selten mehr oder weniger intensive Gefühle mit sich bringen. Genauso funktioniert die ganze Sache auf der gedanklichen Ebene: Ein Gedanke zu einem Thema taucht auf und je nachdem, wie er bewertet wird, werden die Gefühle manchmal lawinenartig losgetreten. Diesen Mechanismus zu erkennen, kann schon der erste Schritt einer Distanzierung sein, um einen besseren Umgang mit sich zu finden.

Bezüglich der Vergangenheit gibt es im Rahmen der Bewertungen Tendenzen, etwas ungeschehen machen zu wollen, etwas rückblickend anders zu wünschen oder etwas nicht wahrhaben zu wollen. Je mehr ich mich gegenwärtig in Bewertungen über Vergangenes verliere, umso weniger kann ich mich dem Leben, was gerade stattfindet, öffnen.

Das Problem ist, dass unsere Wahrnehmung verschärft darauf fokussiert ist, sich an den Bewertungen früherer Erlebnisse und Erfahrungen zu orientieren. Unser Gehirn lernt, sich in dieser Art der Wahrnehmung zu bewegen und kennt sich besser darin aus. Achtsamkeitsübungen helfen, einen inneren Aussöhnungsprozess in Gang zu bringen, der für jede Heilung unerlässlich ist. Sich eben nicht in die Ablehnung hineinsteigern und nicht gegen Dinge auflehnen, die nun mal anders nicht waren oder sind, führt dazu, dass mehr Ruhe im Leben eintritt. So steht mehr Energie für anderes zur Verfügung.

Achtsamkeit hilft, die innere Einstellung der Akzeptanz zu entwickeln. Dies ist ein Prozess, welcher einer inneren Kündigung zu verschiedenen Themen vorbeugen kann. Zu diesem Weg gehört:

- üben, den gegenwärtigen Moment so anzunehmen, wie er ist, ohne ihn anders zu wünschen und
- lernen, auftretende Störungen wahrzunehmen, ohne darauf reagieren zu müssen.

Nicht die tatsächlichen Ereignisse, sondern unsere Wahrnehmung beziehungsweise Bewertung derselben ist häufig verantwortlich für unseren Stress, unser Leid und die damit verbundenen Emotionen. Achtsamkeitsübungen können helfen, Vorstellungen und Bewertungen loszulassen. Das kann bedeuten, aus Gedanken, Gefühlen oder Wünschen wie aus Träumen aufzuwachen. In die Wirklichkeit einzutauchen heißt, die Dinge so zu sehen, wie sie wirklich sind, und sich nicht darauf beschränken, was wir darüber denken. Nicht oder weniger bewerten und mehr annehmen ist ein langer Prozess, aber wir können es lernen. Um uns mit einer nichtbewertenden Haltung anzufreunden, ist es wichtig und hilfreich, unseren Geist im Alltag mit kleinen Schritten daran zu gewöhnen. Der erste Schritt einer Veränderung ist wahrzunehmen, dass man bewertet, möglichst im gleichen Moment. Wenn man noch eine entsprechende Portion Humor hinzufügt, sich quasi mit Freude dabei ertappt, in die Bewertungsfalle „getreten“ zu sein, hat man die Chance, Dinge mal ohne Bewertung zu betrachten. Man kann vorerst damit experimentieren, was es „jenseits“ der Bewertung zu sehen gibt, ohne etwas hinzuzufügen oder etwas verändern zu wollen. Damit einher geht, dass man offener wird und sich in Gleichmut übt. Üben heißt, es noch nicht können, sondern daran zu arbeiten. Wir müssen nicht jedem Bewertungsimpuls folgen, wir können auch anders. Dazu ist es aber erst mal wichtig, den Impuls zu bemerken.

Nichtbewerten im Alltag

Setzen Sie sich in ein Café und beobachten Sie Ihre Mitmenschen. Nehmen Sie bewertende Gedanken wahr. Manchmal sind diese, wenn wir sie wahrnehmen, gleich wieder verschwunden. Manchmal sind wir aber während des Erlebens in unseren Bewertungen gefangen, verlieren somit die Möglichkeit zu bemerken, was es zu sehen gibt. Beobachten Sie, wie sich manche Bewertung dadurch auflöst, dass wir sie wahrnehmen, während andere sich in unserer Gedankenwelt zu konservieren scheinen. Versuchen Sie, in der Übung so freundlich wie möglich sich des Bewertens bewusst zu werden. Finden Sie heraus, wie vertraut und leicht es sich anfühlt, sich beim Bewerten zuzusehen. Inwieweit waren Sie sich der, wahrscheinlich (bei fast allen Menschen) ständig stattfindenden, Bewertungen bewusst? Welchen Einfluss könnte das auf Ihr Verhalten haben? Üben Sie dies immer wieder. Geeignet sind alle Orte, an denen Menschen aufeinandertreffen (Bus, Bahn).

Nichtbewerten anhand von Fotos

Nehmen Sie sich eigene Fotos oder Postkarten zur Hand. Unter www.schattauer.de/3119.html können Sie auch die von mir ausgesuchten Fotos zum Üben nutzen. Stellen Sie sich darauf ein, bei dieser Übung besonders auf bewertende Gedanken zu achten. Beginnen Sie mit dem ersten Foto. Was zeigt es? Bleiben Sie, so gut Sie können, mit Ihrer Konzentration bei dem, was es auf dem vor Ihnen befindlichen Bild zu sehen gibt. Vielleicht tauchen Gedanken auf wie „Da hab ich schon schönere Bilder gesehen. Was soll das sein? Das ist hässlich/sieht toll aus." Was auch immer es ist, versuchen Sie, aufkommende Bewertungen

freundlich zur Kenntnis zu nehmen und die Aufmerksamkeit noch einmal neu auszurichten. Es kann auch durchaus sein, dass Sie Gedanken zu ganz anderen Themen haben wie: „Ich muss noch einkaufen." „Bestimmt fährt mir der Zug heute wieder vor der Nase weg." „Das Parfum der Nachbarin ist eklig." Egal, um was es sich handelt, betrachten Sie jedes Bild ungefähr gleich lang, 30 Sekunden bis eine Minute. Wenn Gewöhnung oder Langeweile auftreten, gehen Sie nicht sofort zum nächsten Bild über, sondern werden Sie sich der Langeweile bewusst und richten Sie die Konzentration noch einmal neu aus. Wenn Sie dies mit Absicht tun, können Sie immer wieder etwas Neues sehen. Etwas, das Ihnen vorher entgangen ist oder was Sie aufgrund einer Bewertung übersehen haben.
Wenn Sie bereits mehrere Bilder in dieser Art und Weise betrachtet haben, kommt meist noch der Faktor des Vergleichens hinzu. Das jetzige Bild erscheint im Vergleich zum letzten oder vorletzten „besser" oder „schlechter". Manchmal haben wir bereits einige Bilder gesehen, hängen aber gedanklich noch am ersten oder zweiten Bild. Wir betrachten die Folgebilder in einer Art Nebel, ohne sie in ihrer wirklichen Einzigartigkeit wahrnehmen zu können. Falls Ihnen dies in der Übung widerfährt, was schnell passiert, versuchen Sie es als Einladung zu sehen, die Aufmerksamkeit erneut auf das, was gegenwärtig vor Ihnen ist, freundlich auszurichten. Machen Sie sich klar, dass in dieser einfach scheinenden Übung das Nichtbewerten, das Loslassen, die Akzeptanz und so weiter geübt werden können.
Zum Beenden der Übung schließen Sie Ihre Augen und nehmen Sie wahr, was Sie erlebt haben. Wie ist Ihre innere Haltung zum Thema Nichtbewerten? Versuchen Sie, diese Übung mit der Absicht abzuschließen, in Zukunft Bewertungen frühzeitiger wahrzunehmen und eventuell darauf zu verzichten.

Falls Sie in einer Gruppe üben, kann es hilfreich bis amüsant sein, jedes Mal, wenn Sie sich einer Bewertung oder eines Gedankens über das Bild oder unabhängig davon bewusst werden, jeweils ein Handzeichen oder ein akustisches Signal (z. B. mit einem Stift auf den Tisch klopfen, mit den Fingern schnippen) geben. Auf diese Art werden Sie sich des gesamten Ausmaßes von Denken und Bewerten bewusst. Das entlastet den Einzelnen enorm.

Eine **Auswahl an** Fotos, die sich besonders gut für diese Übung eignen, finden Sie unter www.schattauer.de/3119.html.
Sie können natürlich auch eigene Fotos verwenden oder Bilder aus dem Internet zusammenstellen.

Stresstoleranz

Mit Stress umgehen

Sich beruhigen anhand der fünf Sinne

Wir kennen alle das Phänomen, dass wir von A nach B gegangen sind und nicht mehr wissen, wie wir dorthin gelangt sind. Oder wenn wir etwas Leckeres essen, schmecken wir zwar die ersten zwei bis drei Gabeln bewusst, sind dann aber oft in Gedanken. Dadurch riechen und schmecken wir nicht mehr, was wir zu uns nehmen.
Oft sind wir mit unserer Aufmerksamkeit und unseren Sinnen eben nicht beim dem, was wir gerade tun, sondern in Gedanken, manchmal sogar in Gedanken verloren, meist zu Themen, die im gegenwärtigen Moment nicht von Bedeutung sind. Wir neigen dazu, die Vielfalt der „gewöhnlichen Dingen" gar nicht mehr wirklich wahrzunehmen. Wir stülpen häufig unsere vorgefasste Meinung darüber. Wir vergleichen mit Vorangegangenem. Manchmal ist es möglich, sich durch die Konzentration auf einen der Sinne zu sammeln, entweder emotional oder auf gedanklicher Ebene. Für gewöhnlich gibt es, wenn wir uns einer Sache konzentriert widmen, auch mehr zu erleben. Wie häufig passiert es, dass wir uns gerade in schönster Umgebung befinden, aber nicht wirklich präsent sind. Wir lesen die Tageszeitung mit den Tragödien der Welt und um uns ist vielleicht Vogelgezwitscher oder das Plätschern eines Baches. Wir aber konzentrieren uns auf etwas, was meist schon vergangen oder noch nicht eingetreten ist. Wir verpassen das Erleben der gegenwärtigen Wirklichkeit.
Das soll nicht heißen, dass wir nie Zeitung lesen sollten, es ist als Bild im übertragenen Sinne gemeint. Auch ohne Zeitung haben wir oft eine Art Filter, bedingt durch Gedanken an Vergangenes oder noch nicht Eingetretenes. Dies zu erkennen hilft, die „virtuelle Zeitung" ab und zu mal her-

unterzunehmen oder auch ein kleines Loch hineinzuschneiden, um zu sehen und zu erleben, was gegenwärtig ist. Das fasst das folgende Zitat von Jon Kabat-Zinn treffend zusammen: „Der gegenwärtige Augenblick ist der Einzige, den wir wirklich zur Verfügung haben, um uns lebendig zu fühlen, es verlangt Achtsamkeit ihn nicht zu versäumen. Der letzte Augenblick ist schon vorbei, der Nächste noch nicht eingetreten."

Ein kurzes Innehalten mit diesem gewichtigen Satz sei Ihnen ans Herz gelegt.

Achtsames Sehen

Eine Möglichkeit, sich zu beruhigen, besteht darin, sich etwas bewusst und achtsam anzusehen. Was für einen Gegenstand Sie betrachten, ist völlig egal. Es können ein Bild an der Wand, eine Vase, Blumen, Urlaubsfotos, Bäume oder die Wolken sein. Wichtig dabei ist, dass man sich völlig auf das Sehen konzentriert. Man kann versuchen, sämtliche Details zu sehen; man kann versuchen, die Umrisse des Gegenstandes zu sehen und man kann, wenn man Wolken betrachtet, ihre Bahn verfolgen. Wichtig ist, dass man mit seiner ganzen Achtsamkeit beim Sehen ist. Wann immer sich Gedanken über Gesehenes, über andere Themen oder auch Bewertungen in den Vordergrund drängen, nehmen Sie diese zur Kenntnis. Konzentrieren Sie sich wieder auf das Sehen.

Nehmen Sie hierzu einige Bilder, entweder Fotos, Postkarten oder Bilder aus Zeitungen und verweilen Sie jeweils einige Minuten mit Ihrer Aufmerksamkeit bei einem Bild. Beschreiben Sie innerlich, was Sie sehen. Welche Formen und Farben sind zu sehen? Was ist im

Vordergrund, was ist im Hintergrund? Beobachten Sie, wann Sie anfangen, über das Bild oder über etwas anderes nachzudenken und somit Ihre Aufmerksamkeit für das, was es gerade zu betrachten gibt, verlieren. Freuen Sie sich, wenn Sie bemerken, dass Sie sich in Bewertungen verstrickt haben und üben Sie jetzt, diese loszulassen. Versuchen Sie immer wieder, die Aufmerksamkeit auf das, was es auf dem Bild zu sehen gibt, zu lenken, in all seinen Qualitäten. Es kann hilfreich sein, die auftauchenden Gedanken aufzuschreiben und sich nach jedem aufgeschriebenen Gedanken wieder dem Bild zu widmen. Sie werden sich hinterher wundern, wie viele Gedanken das Gehirn in dieser Zeit bewältigt hat. Das Abschweifen an sich ist nicht problematisch, die Kunst ist das Zurückführen der Aufmerksamkeit.

Gehen Sie davon aus, dass Gedanken nicht ein- oder zweimal wandern, sondern viele Male, manchmal ununterbrochen. Und seien Sie sich gewiss, dass dies nicht Ihr persönliches „Unvermögen" ist, sondern ein weitverbreitetes Phänomen.

Achtsames Sehen in der Natur

Draußen, in der Natur, lässt sich achtsames Sehen besonders gut üben. Geeignet sind Sonnenauf- oder -untergänge, Schneefall, Regentropfen, die an die Fensterscheibe oder auf ein Dachfenster fallen, Regenbögen, Wolkenbilder, fließende Gewässer, stehende Gewässer, quasi alles, was die Natur bietet. Wichtig ist, bewusst zu sehen.

Beobachten Sie beispielsweise einen Sonnenuntergang.

Konzentrieren Sie sich auf das sich verändernde Bild vor Ihren Augen.

Sie werden schon bald bemerken, dass Sie sich in Gedanken verlieren, den gegenwärtigen Sonnenuntergang vielleicht vergleichen mit vorangegangen Sonnenuntergängen, dass Sie sich verlieren in Träumereien oder Melancholie. Der gegenwärtige Sonnenuntergang hat keine Chance, so gesehen zu werden, wie er ist.
Versuchen Sie, sobald Sie Ihr Abschweifen bemerken, es zur Kenntnis zu nehmen und sich dann erneut auf das ursprüngliche Geschehen zu konzentrieren.
Seien Sie so konzentriert wie möglich, die gesamte Zeit, bis die Sonne untergegangen ist.

Achtsames Hören

Eine Möglichkeit, sich zu beruhigen, besteht darin, dass wir etwas achtsam und bewusst anhören. Wir können dem Vogelgezwitscher oder anderen Naturgeräuschen lauschen, unserer Lieblingsmusik, den Geräuschen, die von außerhalb kommen, aus der Stadt.
Eine andere Möglichkeit ist, Geräusche zu zählen. Das ist auch eine gute Einstiegsübung in das achtsame Hören. Es klingt banal, aber wenn Sie das nächste Mal aufgeregt sind oder vor einem schwierigen Termin (beim Chef, Therapeuten oder mit jemand anderem) schon weit im Vorfeld überreizt sind, sollten Sie es ausprobieren. Halten Sie inne und konzentrieren Sie sich für einen begrenzten kurzen Zeitraum auf alles, was Ihr Ohr wahrnimmt. Zählen Sie jedes auftauchende Geräusch. Das bindet die Konzentration extrem und hilft, von einem erhöhten Erregungsniveau herunterzukommen.

Konzentrieren Sie sich für drei Minuten ausschließlich auf Geräusche. Es können Geräusche sein, die in Ihrem Körper entstehen, Geräusche aus Ihrer direkten Um-

gebung oder auch Geräusche, die außerhalb des Raums entstehen.
Versuchen Sie, alles so anzunehmen, wie es Ihr Ohr wahrnimmt, ohne etwas hinzuzufügen oder etwas unterdrücken zu wollen.
Alle Geräusche haben einen Anfang und ein Ende.
Alle Gedanken haben einen Anfang und ein Ende.
Alle Gefühle haben einen Anfang und ein Ende.
Sobald Sie mit Ihren Gedanken abschweifen, was normal ist und häufig passiert, nehmen Sie das freundlich zur Kenntnis und kehren Sie wieder zur Übung zurück. Selbst wenn Ihre Gedanken Sie zum hundertsten Mal wegtragen, nehmen Sie dies als eine Einladung, um Ihre Konzentration erneut auszurichten, denn die ist entscheidend beim Meditieren. Falls der Geist sehr unruhig ist, kann es entlastend sein, Geräusche zu zählen. Dies bindet die Konzentration stärker.

Eine Anekdote zum Thema Geräusche

Häufig tauchen gerade dann störende Geräusche auf, wenn man in Ruhe üben will. In der Klinik sind das häufig der Staubsauger der Putzfrau, das Ticken der Uhr, der Laubbläser im Herbst, die Stimme laut telefonierender Kollegen ganzjährig und so weiter und so weiter.
Als ich einmal in einem Kloster bei einem Retreat bei Jon Kabat-Zinn und Saki Santorelli war, begab sich folgende Situation: Die Anreise war an einem Sonntagabend und die erste Meditation fand gleich statt. Es war eine Erfahrung großer Stille, wenn man mal von den eigenen „Störgedanken“ absieht. Montagmorgen ging es weiter, aber mit der Stille war Schluss, denn die Handwerker kamen, um den Zen-Garten (mittlerweile sehr schön) anzulegen. Es wurde ohne Unterlass gehämmert und gesägt. Das schien uner-

träglich, einige Teilnehmer überlegten abzureisen. Ich war auch sehr irritiert bis genervt. Jon kommentierte die ganze Angelegenheit nur mit einem Satz: „Die Handwerker habe ich extra für euch bestellt, damit ihr besser üben könnt!" Und er hatte Recht: Das war *die* Gelegenheit, sämtliche Grundhaltungen der Meditation auf einmal zu üben: Akzeptanz, Loslassen, Geduld, Nichtbewerten und vieles mehr.

Achtsames Riechen

Eine Möglichkeit, sich zu konzentrieren und zu beruhigen, besteht darin, dass wir etwas achtsam und bewusst riechen. Wir können zum Beispiel unser Lieblingsparfüm, etwas aus der Natur wie ein frisch gesägtes Holzstück, eine Blume, Früchte oder auch ein Duftöl beschnuppern. Es ist gut, diese Übung wie jede andere zu zelebrieren, das heißt sich zurückziehen, Zeit nehmen und die Konzentration beim Riechen zu halten oder immer wieder dahin zurückzukehren, egal was die Gedanken machen. Eine weitere Möglichkeit besteht darin, sich in die Natur zu begeben und die Gerüche wahrzunehmen. Wie riecht es, wenn es gerade geregnet hat? Wie riecht frisch gemähtes Gras? Wie riecht es am frühen Morgen oder am späten Sommerabend?

Achtsames Schmecken

Die Unmittelbarkeit, die wir als Kind hatten, als wir im sogenannten „Anfängergeist" schmeckten, scheint endgültig verloren gegangen, aber sie ist meist nur überlagert mit Erinnerungen und Konstrukten in unserem Gehirn. Wir haben den Geschmack vieler Lebensmittel gespeichert. Beim

Anblick neuer Varianten erinnern wir uns daran und starten unmittelbar mit dem Vergleichen von gespeichertem und aktuellem Geschmack. Wie offen sind wir für die Vielfalt, die sich uns bietet? Nur in der Unterscheidung erscheinen uns andere Dinge vollkommener oder fehlerhafter. Erleben wir einen Augenblick, ohne ihn mit einem anderen zu vergleichen, ist dieser Augenblick vollkommen. Der Anfänger kennt viele Lösungen, der Profi nur eine. Trainieren Sie sich darin, Selbstverständliches oder Altvertrautes neu kennenzulernen. Steigen Sie aus dem automatisierten Tun aus. Eine Möglichkeit sich zu beruhigen, besteht darin, dass wir etwas achtsam und bewusst schmecken. Das können frische Kräuter, Bonbons, diverse Tees, Früchte oder auch Schokolade sein. Wichtig ist, dass man sich auf das Schmecken einlässt und nicht alles in kurzer Zeit verschlingt. Wie fühlt sich das, was wir essen, an den Lippen an, auf der Zunge, am Gaumen? Wie fühlt es sich an zu kauen und zu schlucken?

Nehmen Sie etwas, was Sie gern und regelmäßig essen, beispielsweise einen Apfel, eine Kugel Eis, einen Riegel Schokolade, ein Stück trockenes Brot.
Nehmen Sie sich einige Minuten Zeit und versuchen Sie, der gewählten Speise mit allen Sinnen zu begegnen.
Stellen Sie sich vor, Sie kämen von einem anderen Planeten und hätten so etwas noch nie gesehen, gefühlt, gerochen und geschmeckt. Seien Sie so offen wie möglich. Vergleichen Sie nicht mit vorangegangenen Geschmackserlebnissen, sondern erfahren Sie genau das, was vor Ihnen liegt. Betrachten Sie das Nahrungsobjekt zunächst genau. Welche Farbe, welche Oberflächenbeschaffenheit hat das, was wir essen möchten? Wie fühlt es sich an (eventuell Augen schließen)? Führen Sie das Objekt – beispielsweise ein Stück Apfel – in Richtung Nase und nehmen Sie den Geruch wahr. Bewegen Sie es unter der Nase hin und

her. Berühren Sie es dann mit den Lippen. Legen Sie es danach langsam in den Mund, um all seine Geschmacksqualitäten wahrzunehmen. Vorsicht. Geben Sie dem Impuls schneller zu werden nicht nach. Versuchen Sie, Bissen für Bissen langsam zu zerkauen und dann hinunterzuschlucken. Vielleicht können Sie im Bereich der Speiseröhre oder gar später noch etwas wahrnehmen. Vielleicht sind Sie auch überrascht, wie lange der Geschmack im Mund erhalten bleibt, obwohl die Nahrung den Mund schon lange verlassen hat.
Wann immer Ihre Aufmerksamkeit nachlässt und Sie sich beim Nachdenken, Träumen, Ärgern oder Ähnlichem ertappen, ist dies ein Erfolg, weil Sie es bemerkt haben. Kommen Sie zur eigentlichen Übung zurück.
Das Ziel von Achtsamkeitsübungen ist nicht, das Wegdriften zu verhindern, sondern das Zurückkehren zum Eigentlichen zu ermöglichen.

Achtsames Spüren

Eine Möglichkeit, sich zu beruhigen, besteht darin, dass wir etwas achtsam und bewusst mit Händen und Füßen berühren, ertasten und fühlen. Wir können Samt oder Seide anfassen, ein Tier streicheln, harte oder weiche Bürsten anfassen, barfuß gehen auf verschiedenen Untergründen, eine Wärmeflasche auf den Bauch oder ins Bett legen, ein Bad nehmen, beim Abwaschen das Prickeln der platzenden Seifenbläschen spüren. Wir können mit den Händen etwas aus Ton oder Sand formen, verschiedene Ledersorten und deren Struktur mit den Händen ertasten.

Suchen Sie sich einen Stein in der Natur. Nehmen Sie dann eine angenehme Sitzhaltung ein. Nehmen Sie Ihren Stein in die Hand und betrachten Sie ihn mit der Hal-

tung eines Anfängers, so als hätten Sie so etwas noch nie gesehen.
Wie sieht seine Oberfläche aus?
Wie ist die Farbgestaltung?
Gibt es glatte und raue Bereiche?
Wie ist der Geruch des Steines?
Wie schwer oder leicht fühlt sich der Stein an?
Schließen Sie nun Ihre Augen und sammeln Sie tastend Erfahrungen. Spüren Sie Ihren Stein so genau wie möglich. Alle Qualitäten, die Sie vorher mit Ihren Augen wahrgenommen haben, versuchen Sie nun mit geschlossenen Augen zu erleben: Oberfläche, Geruch, Gewicht.
Beobachten Sie nun, was Sie über den vor Ihnen liegenden Stein denken. Vielleicht fragen Sie sich, wie alt er ist, wo er herkommt, was er alles erlebt hat, oder haben Gedanken anderer Art. Lassen Sie Ihre Gedanken noch eine Weile umherwandern. Versuchen Sie, dies ganz bewusst zu tun, sodass Sie genau wissen, *wie* Sie gedanklich *wohin* gekommen sind. Tun Sie dies in der bewährten freundlichen Haltung. Machen Sie sich klar, dass es im Moment darum geht zu lernen, sich beim Denken zu beobachten. Öffnen Sie nun Ihre Augen. Umfassen Sie den Stein noch einmal mit Ihren Händen und danken ihm für die meditative Erfahrung.

Konzentration auf den Atem

Sich auf den Atem zu konzentrieren – das hört sich einfach an, ist aber leichter gesagt als getan. Im Grunde genommen ist Achtsamkeit ein sehr, sehr einfaches Konzept. Wir brauchen nur im gegenwärtigen Moment zu bleiben, um uns keinem Leid auszusetzen. Insofern stimmt die Aussage: „Ich habe noch nie einen Menschen mit einem Problem kennengelernt." Leider bleiben wir aber nicht im gegenwärtigen Moment. Unser Gehirn ist so beschaffen, dass es uns ständig Gedanken anbietet. Wer Achtsamkeit einübt, braucht daher ein primäres Meditationsobjekt. Am besten eignet sich, das zeigt die Erfahrung aus mehreren tausend Jahren, der Atem. Jedes Mal, wenn wir uns dabei ertappen, dass wir mit unseren Gedanken abschweifen, sollten wir uns bewusst machen, dass wir atmen und dann zum Atem zurückkehren.

Es ist überhaupt nicht notwendig, sich damit auseinanderzusetzen, warum und weshalb man in seinen Gedanken festhängt, sie vielleicht beurteilt oder ablehnt. Wir wissen von unserer Konditionierung auf das permanente Denken im Hintergrund und deshalb kehren wir ohne Bewertung zum Atem zurück.

Selbstverständlich ärgert man sich manchmal, wenn es in einer Sitzung gar nicht oder nur unwesentlich lange gelingt, sich auf den Atem zu konzentrieren. Aber die Achtsamkeit für die Tatsache, dass wir uns nicht konzentrieren konnten, ist schon ein erster wertvoller Augenblick. Wir begreifen, wann wir uns konzentrieren können und wann nicht.

Das ist der Beginn des Verständnisses für uns selbst. Atem-Achtsamkeit ist einfach eine schwere Übung für den Anfänger. Warum ist ausgerechnet der Atem so ein hilfreiches Instrument in der Meditation? Immer, wenn es uns gelingt, den Atemfluss wirklich zu spüren, ist *jetzt*. Solange wir leben, ist der Atem zur Verfügung, unabhängig davon, was wir gerade tun. Der Atemvorgang läuft zwar automatisch ab, aber wenn man sich konzentriert, kann man ihn in Form von kleinen Bewegungen im Körper wahrnehmen, ohne sich anzustrengen und ohne ihn verändern zu wollen. Die Tatsache des bewussten Spürens der Atembewegung offeriert immer die Möglichkeit, sich zu beruhigen und im gegenwärtigen Moment in sich zu verankern.

Achtsames Atmen

Die folgenden Übungen bieten Ihnen Möglichkeiten, wie Sie das Beobachten der Atmung ritualisieren und für sich handhabbar machen.

Verlängern der Ausatmung

Am besten versuchen Sie, einen Atemrhythmus zu finden, in dem Sie einatmend eins, zwei, drei und ausatmend eins, zwei, drei, vier zählen. Sie können auch in einem anderen Modus zählen, wichtig ist nur, dass die Ausatmung verlängert bleibt. Viele Menschen neigen dazu, bei der Aufforderung „Vertiefen Sie Ihren Atem“, sehr viel Luft einzuatmen und diese nicht komplett auszuatmen. Dies ist im Sinne der Mediation nicht hilfreich und baut eher Spannung auf. Nehmen Sie im Rahmen einer Übung auf den Atem nur Einfluss, indem Sie die Ausatmung verlängern.

Atemwahrnehmung im Körper

Es gibt vier Bereiche im Körper, in denen wir die Atmung deutlicher spüren können. Einer davon sind die Nasenspitze oder Nasenflügel. Diese Stelle eignet sich, den Temperaturunterschied von ein- und ausgeatmeter Luft zu erkunden. Ein anderer Bereich ist der Brustkorb. Hier kann man so genau wie möglich das Dehnen und Zusammenziehen des Brustkorbes beobachten. Ein weiterer Bereich sind die Schultern. Bei guter Konzentration vernimmt man dort ein leichtes Heben und Senken. Das sind nur sehr kleine Bewegungen, aber sie wahrzunehmen hilft, die Konzentration besser zu halten. Der letzte Bereich ist die Bauchdecke. Selbst bei einer relativ flachen Atmung lässt sich ein leichtes rhythmisches Heben und Senken beobachten, was das Beruhigen und Zentrieren unterstützt. Wenn man eine oder beide Hände auf die Bauchdecke legt und so übt, den Atem zu beobachten, spürt man die Bewegung der Bauchdecke deutlicher. Man kann außerdem üben, nicht zu bewerten, denn unabhängig, was man über seinen Bauch denkt, Tatsache ist, er hebt und senkt sich bei der Atmung im gegenwärtigen Moment, jenseits aller Bewertungen.

Die Atemübungen kann man immer und jederzeit machen, ohne dass es jemand von außen sieht.

Den Atem zählen

Beginnen Sie bei dieser Atembeobachtung bei eins und zählen Sie dann langsam bis zehn. Wenn Sie bei zehn angekommen sind, kehren Sie zu eins zurück. Immer, wenn Sie durch Gedanken aus dem Rhythmus gekommen sind, kehren Sie zu eins zurück, ohne dies als Unfähigkeit anzusehen. Es ist einfach ein Mittel, um sich besser zu kontrollieren und seien Sie sich gewiss: Die meisten Menschen steigen nach wenigen Sekunden aus. Üben Sie nicht verbissen, sondern so freundlich, wie es Ihnen gegenwärtig möglich ist.

Der kurze Atemraum

Nehmen Sie sich jeweils zwei bis drei Minuten Zeit. Gut ist es, sich morgens zu überlegen, wie oft Sie – über den Tag verteilt – den sognannten „Atemraum“ üben wollen. Stecken Sie sich als Erinnerungshilfe entsprechend viele Bohnen in Ihre linke Hosentasche. Üben Sie dann, je nach persönlicher Vorliebe, den Atem zu zählen oder das Ausatmen zu verlängern. Wenn Sie den Atemraum praktizieren, lassen Sie jeweils eine Bohne in die rechte Hosentasche wandern. Wenn Sie abends alle Bohnen noch auf der linken Seite vorfinden, stellen Sie fest, dass Sie nicht geübt haben, ohne dies zu kommentieren oder zu bewerten. Starten Sie am nächsten Tag in der Hoffnung und mit der Absicht neu, dass Sie die Bohnen nicht übersehen.
Die moderne Variante ist, sich eine Achtsamkeits-App herunterzuladen, welche Sie, je nach Programmierung, ans Üben erinnern kann.

Innehalten und zu sich finden

Sitzmeditation

Wer kennt das nicht: „Sitz nicht so rum, tu was!“ Wir üben genau das Gegenteil.
Nehmen Sie eine aufrechte würdevolle Sitzposition ein. Es ist dabei unwichtig, ob Sie auf einem Stuhl oder einem Meditationskissen sitzen. Wichtig ist, dass Sie bei der Sitzhaltung keine Schmerzen empfinden. Gönnen Sie sich zunächst einige Sekunden Zeit, um in der Ihnen angenehmen Sitzposition anzukommen.

Wandern Sie dann zunächst mit Ihrer Aufmerksamkeit durch den ganzen Körper, von den Füßen bis hinauf zur höchsten Stelle Ihres Kopfes. Nehmen Sie einfach nur wahr, wie Sie sitzen. Spüren Sie den Kontakt der Füße mit dem Boden und den Kontakt des Gesäßes mit der Sitzfläche. Ist die Wirbelsäule aufgerichtet? Die Schulterblätter können entspannt nach hinten unten sinken. Die Hände liegen entweder auf den Oberschenkeln oder ruhen in Ihrem Schoß. Der Kopf ist aufgerichtet und der Unterkiefer vom Oberkiefer gelöst. Die Augen sind entweder geschlossen oder ruhen mit weichem Blick auf einem Punkt vor Ihnen auf dem Boden.
Richten Sie die Aufmerksamkeit jetzt nach innen. Fühlen Sie, wie der Atem in Ihren Körper ein- und wieder ausströmt. Versuchen Sie nicht, Ihren Atem zu beeinflussen. Der Atem kann flach oder tief, schnell oder langsam, flüssig oder stockend sein. Egal, wie er ist, er ist immer richtig. Verbinden Sie sich immer wieder mit dem nächsten Atemzug. Spüren Sie die Einatmung, die Ausatmung und auch die Pause dazwischen.
Nach einigen Atemzügen werden Sie vielleicht bemerken, dass Sie mit den Gedanken abschweifen oder Ihre Sitzhal-

tung verändern wollen. Das ist ein ganz normaler Vorgang. Unser Geist ist ständig auf der Suche nach Ablenkung. Er entwickelt ununterbrochen neue Gedanken und Vorstellungen, mit denen er sich beschäftigen will. Gedanken und Vorstellungen sind dabei keine Fehler oder Störung der Meditation, sondern einfach weitere Objekte unserer Wahrnehmung. Sobald Sie das Abschweifen bemerken, stellen Sie dies einfach nur fest. Kehren Sie mit der Aufmerksamkeit zum nächsten Atemzug zurück, ohne ein Problem daraus zu machen. Lenken Sie Ihre Konzentration weg von den Gedanken, hin zum Heben und Senken der Bauchdecke oder des Brustkorbs. Es ist wichtig, dass Sie bei dieser Übung keinen übertriebenen Ehrgeiz entwickeln.

Es kann durchaus sein, dass nach einiger Zeit verschiedene Gefühle und Stimmungen auftreten, wie zum Beispiel Langeweile und Schläfrigkeit, Ruhe und Freude oder Unruhe und Ungeduld. Was immer bei Ihnen gerade vorrangig auftritt, schauen Sie, ob es möglich ist, diese Zustände körperlich wahrzunehmen. Wie fühlt sich der jeweilige Zustand in Ihrem Körper an? Was für Empfindungen nehmen Sie wahr? Bewahren Sie einfach eine offene und akzeptierende Haltung, unabhängig, um welche Empfindungen es sich auch handeln mag. Es ist hilfreich, die jeweilige Erfahrung einfach zu registrieren, sie zu benennen und dann, ohne weitere Gedanken darüber zu verlieren, zur Übung zurückzukehren. Tun Sie dies immer wieder neu, in diesem Moment, in diesem Moment und in diesem Moment.

Sie möchten sich diese Übung gerne anhören?
Sie finden sie auch als Audiodatei zum Download unter www.schattauer.de/3119.html

Wie ein Kieselstein, Imaginationsübung

Manchmal ist es hilfreich, um in einer Übung besser zur Ruhe kommen zu können, sich an ein Bild zu erinnern oder sich eines vorzustellen.

Legen Sie nun Ihre Hände ineinander, der Rücken ist gerade aufgerichtet. Beobachten Sie Ihren Atem und erinnern Sie sich an das leichte Lächeln, mit welchem Sie experimentieren wollten.
Versuchen Sie nun, alles loszulassen. Stellen Sie sich vor, Sie wären ein Kieselstein, der in einen Fluss geworfen wird. Ohne eigene Anstrengung sinkt der Kiesel auf dem kürzesten Weg im Wasser zu Boden. Losgelöst von allem ruht er im feinen Sand des Flussbettes, vielleicht ein wenig hin- und herschaukelnd.
Versuchen Sie, sich die von dem Stein ausgehende Ruhe vorzustellen. Bleiben Sie für einige Atemzüge bei diesem Bild. Vielleicht gelingt es Ihnen, in diesem Moment die Ruhe zu spüren. Machen Sie sich auch klar, dass es, um den Geist daran zu gewöhnen, wichtig ist, diese Übung öfter zu wiederholen. Sie sollten sich nicht zu sehr anzustrengen, um etwas oder einen bestimmten Zustand zu erreichen, sondern sich Zeit nehmen, damit es sich entwickeln kann.
Bleiben Sie, wenn Sie möchten, noch einige Minuten mit dem Bild des Kiesels in der Übung. Nehmen Sie noch einige tiefe Atemzüge. Kommen Sie dann langsam zum Schluss.

Sie möchten sich diese Übung gerne anhören?
Sie finden sie auch als Audiodatei zum Download unter www.schattauer.de/3119.html

Abwarten und Teetrinken

„Wie viel Unheil allein durch Nichtstun verhindert werden kann.“ (George Mikes), aber aktives Nichtstun fällt so schwer. Eine Teemeditation hilft dabei, zur Ruhe zu kommen, um nichts anderes zu tun, um nicht allen im Kopf auftauchenden Handlungsimpulsen nachzugehen, um weise Entscheidungen zu treffen und sich eine Auszeit zu gönnen. Eine andere, gängige Redewendung lautet: „Erst mal eine Nacht darüber schlafen, dann sieht die Welt schon anders aus.“ Dabei geht es um den gleichen Effekt: Wenn wir uns aufregen, mit schwierigen Themen herumschlagen oder Entscheidungen von Bedeutung fällen wollen, ist es sinnvoll, bevor man handelt, erst eine Nacht darüber zu schlafen. Am nächsten Morgen mit Distanz und klarerem Geist die ganze Sache noch einmal zu betrachten, ist eine gute Voraussetzung, um eine Lösung zu finden.
Ein Teeritual kann dieses Beruhigen und Distanzieren in einem kleineren Rahmen bewirken. Es ist zudem eine wunderbare Erfahrung zum Thema Innehalten.

Teemeditation

Bereiten Sie sich zunächst einen Tee vor, das kann schon Teil der Meditation sein. Nehmen Sie auf einem Sitzkissen, einem Stuhl oder auch in der Natur Platz. Gut ist es, dafür zu sorgen, dass Sie nicht gestört werden, denn Teetrinken lädt manchmal zu Geselligkeit und Unterhaltung ein. Sie aber wollen üben, sich nicht stören zu lassen, Einkehr mit sich selbst halten und dem begegnen, was sich im gegenwärtigen Moment in Ihrem Inneren darbietet. Widmen Sie sich der vor Ihnen stehenden Tasse Tee mit Ihrer ganzen Aufmerksamkeit und allen Sinnen, so als sei dies die erste Tasse Tee Ihres Lebens.

Betrachten Sie den Tee zunächst aus der Ferne. Was genau gibt es zu sehen? Wie sind die Farbe, die Spiegelung der Oberfläche, der Geruch, der aufsteigende Dampf?

Lassen Sie sich Zeit.

Nehmen Sie die Tasse dann in Ihre Hände. Spüren Sie die Wärme. Führen Sie die Teetasse langsam näher zu Ihrem Gesicht. Wenn Sie mögen, schließen Sie Ihre Augen, um so den Geruch und die aufsteigende Wärme besser wahrzunehmen. Beobachten Sie, was in Ihrem Mund passiert. Nehmen Sie nun langsam einen ersten kleinen Schluck. Nehmen Sie den Geschmack wahr, die Wärme im Mund und in der Speiseröhre. Eventuell können Sie die Wärme sogar auch im Magen spüren, wenn Sie den Tee hinuntergeschluckt haben.

Bleiben Sie weiterhin konzentriert beim Erleben von dem, was Sie gegenwärtig tun: Tee trinken.

Falls Ihre Gedanken auf Wanderschaft gehen, freuen Sie sich, dies wahrzunehmen, ohne ein Problem daraus zu machen. Halten Sie nicht an ihnen fest und kehren Sie in einer freundlichen offenen Haltung mit Ihrer Aufmerksamkeit zur Tasse Tee zurück.

Es ist wahrscheinlich, dass die Aufmerksamkeit mehrfach nachlässt, denn der Geist sucht immer neue Reize, „Unterhaltung“ und Ablenkung, wenn wir etwas bereits Bekanntes automatisch weitermachen. Er ist völlig autonom. Lassen Sie die Gedanken ziehen und richten Sie die Aufmerksamkeit freundlich wieder aus.

Wiederholen Sie dies bis zum letzten Schluck Ihrer Tasse Tee. Stellen Sie dann die Tasse ab. Wenn Ihre Geduld es hergibt, bleiben Sie noch eine Weile sitzen und genießen Sie die Ruhe, die Sie erfahren haben. Falls Sie mit Unruhe in Kontakt gekommen sind, nehmen Sie auch dies einfach zur Kenntnis, ohne es anders zu wünschen. Nehmen Sie, ohne das Erleben zu bewerten, noch einige tiefe Atemzüge. Beenden Sie die Übung damit.

Vertrauen

„Während wir vorne herum planen, fällt hinten vor lauter Lachen das Schicksal vom Stuhl." Ist das nicht ein wunderbar ernüchternder, aber auch erleichternder Satz? Ich habe ihn auf einem Retreat aufgeschnappt. Er ist für mich unvergesslich und es wert, öfter zitiert zu werden.

Eine Redewendung meiner Mutter heißt: „Wir lassen's mal rankommen ... es kommt sowieso anders als man denkt." Meine Mutter lehnte es schon immer ab, langfristig vorauszuplanen. Verwendung findet diese Redewendung immer dann, wenn zum Beispiel schwierige Termine oder Entscheidungen bevorstehen oder langfristig geplante große Feste wie runde Geburtstage näher rücken. Man gebraucht sie aus dem Gefühl heraus, dass etwas dazwischenkommen könnte. Die Grundhaltung ist, die Dinge so anzunehmen, wie sie sich entwickeln.

Wir sollten darauf vertrauen, dass sich die Dinge im eigenen Tempo entwickeln. Dies geschieht ohne Anstrengung und ohne Wissen, wo genau der Weg hinführt. Wir meinen häufig, Dinge im Griff zu haben, wenn wir versuchen, sie zu kontrollieren, indem wir vorausplanen, oder meinen, sie vorwegnehmen zu können.

Der Anfang

Die nun folgende Geschichte transportiert genau dieses Phänomen. Sie beschreibt die Entwicklung eines Samenkornes aus der Sicht des Betrachters. Um sich mit diesem Thema zu befassen, nehmen Sie eine aufrechte Sitzhaltung ein. Achten Sie darauf, dass Sie einen beruhigenden Atemrhythmus finden können. Nehmen Sie sich hierfür Zeit. Wenn der Atem ruhig fließt, kann der Geist sich besser öffnen. Versuchen Sie, während des Lesens oder Hörens der

Geschichte von den Eindrücken des Tages Abstand zu gewinnen.

Es war einmal begabter Gärtner, der alle möglichen Pflanzen aufziehen konnte – Bäume, Sträucher, Blumen, Gemüse, einfach alles. Eines Tages erhielt dieser Gärtner ein ganz besonderes Samenkorn. Man sagte ihm, wie er das Samenkorn in die Erde zu stecken habe, wie er es gießen, düngen und auch sonst behandeln solle. Man sagte ihm allerdings nicht, was für eine Pflanze daraus sprießen würde. Also nahm der Gärtner das Samenkorn, steckte es in die Erde, goss und düngte es. Später sehe ich den Gärtner mit dieser Pflanze. Ich bemerke die besondere Sorgfalt, die er für diese noch sehr kleine Pflanze aufwendet. Ich will wissen, um was für eine Pflanze es sich handelt. Ich sehe die Pflanze an, sehe den Gärtner an und sage schließlich: „Diese Pflanze sieht nach etwas Besonderem aus. Sie gehen auf besondere Weise mit ihr um. Ich möchte gerne wissen, um was für eine Pflanze es sich handelt.“ Der Gärtner sieht mich an und sagt: „Tut mir leid, ich weiß es nicht.“ Ich sage: „Na, Sie sind doch ein hervorragender Gärtner, ich habe Sie mit allen möglichen Pflanzen beobachtet, mit Büschen, Blumen, Bäumen und was weiß ich. Sie wollen mir weismachen, Sie bauen eine Pflanze an und wissen nicht einmal, was es für eine ist?“ Der Gärtner sagt: „Nein, tut mir leid. Wissen Sie, diese Pflanze ist etwas Besonderes. Jemand gab sie mir und sagte mir, wie ich mich darum zu kümmern hätte, wie ich sie gießen und düngen soll, aber man sagte mir nicht, um was für eine Art Pflanze es sich handelt.“ Ich sage: „Aha, ich verstehe. Und wie groß wird sie einmal sein?“ Der Gärtner sagt: „Auch das weiß ich nicht, ich weiß wirklich nicht, wie sie einmal wird. Ich gieße sie, dünge sie, sie wächst und ich muss mich einfach gedulden und abwarten.“ Ich denke über diese Warterei nach. Einige Zeit später komme ich wieder und jetzt ist aus

dem Setzling ein kleiner Baum geworden. Ich sehe den Baum an, sehe den Gärtner an und sage: „Aha, jetzt wissen Sie, was für eine Pflanze Sie da haben. Sie haben einen Baum, wird er einmal groß?" Der Gärtner sagt: „Ich weiß nicht. Ich muss einfach nur gießen, düngen, mich gedulden und abwarten. Der Baum wird von allein wachsen, und wenn er aufhört zu wachsen, werde ich Bescheid wissen." Eine ganze Zeit später komme ich wieder und jetzt ist der Baum mit Knospen übersät. Ich sehe mir die Knospen an, keine von ihnen hat sich bisher geöffnet, und werde ganz aufgeregt: „Welche Farbe werden sie wohl haben, wie groß werden sie sein und wann werden sie blühen?" Der Gärtner sagt: „Es tut mir wirklich leid, aber ich weiß es nicht. Ich gieße, dünge, gedulde mich und warte einfach ab." Ich denke darüber nach und sage: „Warum reißen Sie nicht einfach ein paar Knospen auf und sehen nach, was drinnen ist?"
Der Gärtner sagt: „Wenn ich sie jetzt aufreiße, ist die Farbe des Knospeninnern nicht dieselbe wie bei der Blüte und mit Sicherheit weiß ich dann immer noch nicht, wie groß sie wird. Ich muss mich einfach gedulden und abwarten." Ich sage „Na gut" und gehe. Wieder eine Weile später komme ich wieder und sehe, die Knospen haben sich geöffnet, der Baum ist übersät mit hübschen großen Blüten. Ich frage: „Was meinen Sie, was für Früchte aus diesen Blüten entstehen?"
Der Gärtner sagt: „Sie verstehen leider nicht. Ich weiß nicht, was für Früchte ich bekommen werde, man hat es mir nicht gesagt. Aber ich gieße im rechten Maß, ich dünge, ich kümmere mich um den Baum und zur rechten Zeit wird er Früchte tragen. Ich kümmere mich einfach um den Baum, so gut ich kann, ich gedulde mich und warte ab."

(Mit freundlicher Genehmigung von Rosemary und Steve Weissman aus: „Mitfühlendes Verständnis".)

Konzentrieren Sie sich nun auf den Nachhall, den diese Geschichte bei Ihnen hinterlässt.
Wenn Sie die Gelegenheit haben, können Sie im Anschluss an die Übung Papier und Farben zur Hand nehmen und auch auf der Bildebene das Erlebte zum Ausdruck bringen.
Atmen Sie noch einige Male tief und ruhig und beenden Sie dann die Übung.

Für unsere Meditationspraxis und gilt dasselbe wie für unser eigenes Leben: Uns einfach kümmern, so gut es geht, Geduld haben und darauf vertrauen, dass sich die Dinge in ihrem eigenen Rhythmus entwickeln. Dann werden unsere Meditationspraxis und unser Leben erfolgreich sein.

„Boxenstopp“ am Arbeitsplatz und im Alltag

Jeder kennt wohl den Ausspruch von John Lennon, in dem es darum geht, dass das Leben das ist, was passiert, während man andere Dinge im Kopf hat. Besser kann man es kaum formulieren. Es ermutigt, sich mehr auf das gegenwärtig Stattfindende einzulassen. Ich orientiere mich gern an diesen Gedanken von John Lennon, da es im Leben immer wieder zu Automatismen und zu schleifenartigem Planen kommt. Planen an sich ist ja kein Fehler, aber wenn man vor lauter Denken, Organisieren und Sorgen das, was gerade stattfindet, verpasst, ist es schade.

Kleine Übungen, um aus dem Hamsterrad zumindest kurzfristig auszusteigen, lassen sich unproblematisch in den Alltag integrieren. Sie unterstützen das Ziel, mitzubekommen *was* und *wie* ich etwas gerade tue. Das ist eine gute Chance, um alltägliche Verhaltensmuster wahrzunehmen. Wir haben nur in dem Moment die Wahl, etwas zu verändern, wenn wir es bemerken, während es passiert. Eine freundliche Grundhaltung erleichtert die Übungen, sonst signalisieren wir jedes Mal, wenn wir uns beim „unachtsamen Tun“ ertappen, dass etwas an uns falsch ist.

Die folgenden Übungen können Sie am Arbeitsplatz, im Haushalt oder unterwegs in Ihren Lebensalltag integrieren. Manchmal brauchen wir Erinnerungshilfen, zum Beispiel einen Zettel an der Haustür oder am Badezimmerspiegel, einen speziellen Klingelton auf dem Handy oder Ähnliches, was uns an die Entscheidung innezuhalten und zu üben erinnert.

Time-out-Übung, kurzer Bodyscan

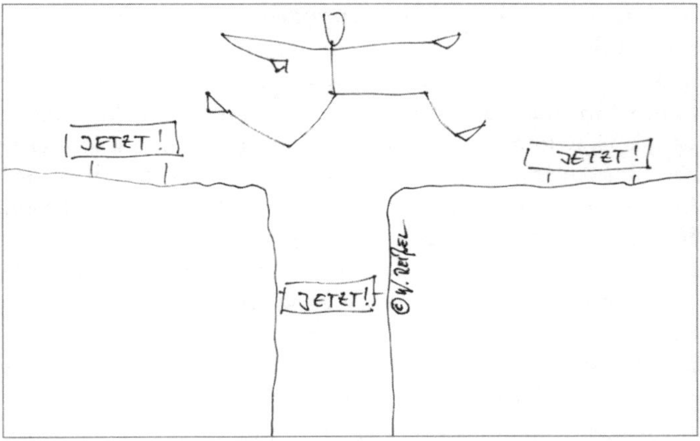

Viele Menschen, die einen „Burnout" erleiden, haben sich mit Haut und Haaren verausgabt, entweder im Rahmen ihrer Arbeit oder der familiären Pflichten. Sie tragen Arbeit und/oder Familie ständig mit sich herum, auch wenn sie gerade nicht an der Arbeit oder in Sachen Familie tätig sind. Sie werden/wurden absorbiert von etwas, was nicht rund um die Uhr gegenwärtig ist, manchmal sogar bis in den Schlaf hinein. Wenn Sie dieses rundum Online-Sein punktuell unterbrechen wollen, eignet sich folgende Übung: Sorgen Sie dafür, dass Sie in den nächsten fünf bis zehn Minuten möglichst ungestört sind. Dazu gehört, für diesen Zeitraum beispielsweise nicht ans Telefon zu gehen. Sie können entscheiden, auch allen im Inneren auftauchenden Impulsen, zum Beispiel etwas Wichtiges zu erledigen, mindestens während des geplanten Zeitfensters der Übung, nicht nachzugehen.

Praktizieren Sie die Übung mit Bestimmtheit und Humor. Wenn eine Störung auftritt, nehmen Sie diese freundlich zur Kenntnis und „üben“ Sie, nicht darauf zu regieren.
Der Bodyscan eignet sich dazu, das Nichtbewerten anzuwenden: Unabhängig davon, was man über seinen Körper denkt, ob man ihn anders haben möchte oder bestimmte Bereiche davon nicht mag, sollte man in der Übung eine momentane Bestandsaufnahme des eigenen Körpers und Geistes machen. Die Ziele sind: innehalten, wahrnehmen, ins Spüren kommen. Sekundär entsteht vielleicht ein Gefühl von Erholung und Zentrierung. Das Spüren ist möglich und unabhängig davon, was ich denke.
Sie können diese Kurzform des Bodyscans ruhig im Sitzen an Ort und Stelle durchführen. Wenn Sie die Möglichkeit haben, sich zurückzuziehen und hinzulegen, ist das umso besser. Achtsamkeitsübungen kann man, wenn man sie ansatzweise verinnerlicht hat, quasi überall praktizieren, im Büro, im Zug, in der Mittagspause. Das Schöne ist, von außen kann man nicht sehen, dass jemand übt.

Nehmen Sie eine aufrechte und möglichst entspannte Körperhaltung ein.
Finden Sie eine beruhigenden Atemrhythmus.
Beantworten Sie nun langsam nacheinander für sich die folgenden drei Fragen:

- Wie stark ist mein Körper in diesem Moment angespannt? Ordnen Sie den Zustand auf einer Skala zwischen 0 und 100 ein.
- Welches Gefühl steht momentan im Vordergrund? Versuchen Sie, so genau wie möglich das Gefühl zu benennen.
- Was sind die im Vordergrund stehenden Gedanken? Zu welchem Thema machen Sie sich gerade Gedanken?

Richten Sie nun Ihre Aufmerksamkeit für fünf Atemzüge wieder auf Ihren Atem und beobachten Sie, wie der Atem in den Körper ein- und ausströmt.
Beobachten Sie den Atem im Bereich der Nasenspitze, des Brustkorbes und der Bauchdecke.
Dehnen Sie jetzt die Aufmerksamkeit auf den gesamten Körper aus. Wie ist Ihre Körperhaltung im Moment? Ist der Rücken aufgerichtet oder gekrümmt? Wie fühlt es sich im Bereich der Schultern an? Wo befinden sich Ihre Hände? Wie ist der Kontakt mit der Unterlage? Können Sie Ihre Füße spüren? Wie ist der Kontakt zum Boden?
Gehen Sie dann mit der Aufmerksamkeit zum Kopf. Wie ist Ihre Kopfhaltung und wie fühlt sich Ihr Kopfinneres an, leer, ruhig, dumpf? Nehmen Sie kurz wahr, wie es sich im Bereich des Unterkiefermuskulatur und der Nackenmuskulatur anfühlt. Dehnen Sie jetzt die Aufmerksamkeit erneut auf den gesamten Körper aus. Versuchen Sie, die Haut, welche den ganzen Körper umhüllt, zu spüren.
Spüren Sie den Körper in seiner Gesamtheit als Wunderwerk, in welchem meistens mehr funktioniert als nicht funktioniert.
Legen Sie zum Ende der Übung eine oder beide Hände auf die Bauchdecke und spüren Sie das Heben und Senken der Bauchdecke verursacht durch Ihren Atem.
Nehmen Sie nun zwei tiefe Atemzüge und versuchen Sie, die Zentrierung, welche Sie erfahren haben, zu erhalten.

Ungeduld

Achtsamkeit hilft, uns daran zu erinnern, dass Ungeduld häufig völlig sinnlos ist. Ein Baum oder eine Pflanze wachsen ja auch nicht schneller, wenn man daran zieht oder weil man es sich wünscht. Darauf vertrauen, dass sich die Dinge in ihrem eigenen Rhythmus entwickeln, ist eine echte Herausforderung. Die innere Einstellung dazu entsteht nicht automatisch, man muss den Geist erst daran gewöhnen und ihn schulen, sonst fällt er schnell in alte Muster zurück. Erinnern Sie sich an die Gärtnergeschichte.

Die Empfehlung ist, sich gerade dann in Geduld zu üben, wenn Sie es eilig haben, wenn Sie mal wieder unglaublich getrieben sind. Überprüfen Sie in diesem aktuellen Moment, ob Eile oder Ungeduld angemessen oder unangebracht sind. Wichtig sind eine freundliche, offene Haltung und die Bereitschaft, sich bei Ungeduld mit sich selbst, äußeren Rahmenbedingungen oder anderen Menschen, ertappen zu wollen. Nur dann hat man die Wahl, neue Erfahrungen zu machen. Auch in diesem Zusammenhang entscheidet man sich aktiv für einen neuen Weg. Unterstützen können Sie Ihre Entscheidung, geduldiger zu leben, indem Sie sich mit dem eigenen Atem verankern und sich klarmachen, dass Ungeduld, Hektik und Unbewusstheit oft nicht hilfreich sind. Durch diese Art Achtsamkeit tritt manchmal unerwartet ein „Hauch“ von innerer Ruhe ein. Das ist ein wunderbarer Moment. Solche Momente können zu zuverlässigen Verbündeten im Leben werden, die wie ein kleiner Samen beachtet, gepflegt und gegossen werden müssen. Auch hier gilt: Eine liebevoll anhaltende Dosierung bringt die besten Ergebnisse. Halten Sie Ausschau nach Ihrer Ungeduld und begegnen Sie ihr achtsam.

Zwangspausen

Eine besondere Herausforderung ist das freundliche Üben in sogenannten Zwangspausen, die der Alltag einem serviert. Das sind Pausen, die häufig mehrfach über den Tag verteilt in unserem Alltag auftauchen. Pausen, die keiner braucht und die in der Regel eher aversive Gefühle hervorrufen. Sie scheinen immer dann vermehrt aufzutreten, wenn wir es besonders eilig haben. Der erste Schritt ist, Zwangspausen als solche zu erkennen. Der zweite Schritt ist, die Bereitschaft zu entwickeln, diese „Zwangspausen", weil ja sowieso schon eingetreten, als Übungszeit zu nutzen. Da wir bereits wissen, dass wir es lieber anders hätten, aber Wünschen oder Fluchen die Situation nicht positiv verändern, akzeptieren wir die unvermeidliche Pause und machen das Beste daraus. Oder haben Sie schon mal erlebt, dass eine rote Ampel grün wird, weil Sie es sich intensiv gewünscht haben? Oder dass ein gerade vor der Nase abgefahrener Zug anhält, um Sie doch noch mitzunehmen?

Die häufigsten Zwangspausen sind: rote Ampeln (gilt für Fußgänger, Auto- oder Radfahrer), Warteschlangen an der Kasse im Supermarkt oder an der Fleisch- oder Käsetheke, bei Konzerten vor der Damentoilette, telefonische Warteschleifen, das Hochfahren des Computers, Aufzüge, die nicht oder nie kommen, Waschmaschinen, die sich nicht direkt zum Programmende öffnen lassen und so weiter.

Begeben Sie sich in Ihrem Alltag humorvoll auf die Suche nach kürzeren oder längeren Zwangspausen. Jede Zwangspause kann Übungszeit werden.

Was kann geübt werden? Je nach Länge der „Übungszeit": eine beruhigende Atemübung (► Kap. „Achtsames Atmen"), achtsames Hören oder Sehen (► Kap. „Achtsames Hören", „Achtsames Sehen"), Nichtbewerten (passt eigentlich immer, ►Kap. „Nichtbewerten im Alltag"), eine kurze Gehmeditation (►Kap. „Entschleunigung durch Gehmeditation"), ein kurzer Bodyscan (►Kap. „Time-out-Übung, kurzer Bodyscan") oder die bewusste Auseinandersetzung damit, dass es so ist, wie es ist, und nicht, wie ich es mir wünsche (►Kap. „Annehmende Haltung", „Akzeptanz im Alltag"). Mit ein wenig Praxis werden bestimmte Situationen durchaus leichter.

Achtsames Zuspätkommen

Wenn Sie das nächste Mal offensichtlich zu spät zu einem Termin kommen, praktizieren Sie diese Übung. Sie stehen beispielsweise im Stau oder jemand hat Sie in ein Gespräch verwickelt, auf jeden Fall ist klar, dass Sie es nicht schaffen, pünktlich zu sein, auch wenn Sie sich jetzt beeilen. Machen Sie sich dies zunächst klar. Akzeptieren Sie die Situation.

Nehmen Sie einige bewusste Atemzüge, während Sie sich weiter Richtung Ziel bewegen. Nutzen Sie eine rote Ampel als Gelegenheit für eine sogenannte Zwangspause, anstatt sich wie früher noch mehr aufzuregen. Vertiefen Sie Ihren Atem, wohl wissend, dass Sie keinen Einfluss mehr auf Ihre Pünktlichkeit nehmen können. Das ist auch eine gute Gelegenheit, das freundliche Lächeln im Gesicht zu üben, obwohl Ihnen gerade nicht nach Freude zumute ist.

Wenn Sie sich nun verspätet Ihrem Termin nähern, machen Sie sich noch einmal klar, dass Sie nichts mehr ändern konnten, um pünktlich zu sein. Bevor Sie die Tür, zum Beispiel zum Besprechungszimmer, öffnen, atmen Sie noch einmal tief durch, in dem Bewusstsein zu spät zu sein, und öffnen Sie dann erst die Tür.

Finden Sie heraus, wie und ob sich dies von den üblichen Erfahrungen unterscheidet.

Erreichbarkeit

Wir sind mehr oder weniger ständig erreichbar, sind häufig „online“, in Kontakt mit der ganzen Welt. In Bezug auf die eigene Person sind wir aber eher „offline“. Natürlich gibt es Momente, in denen es unumgänglich ist, ans Telefon zu gehen oder eine SMS in Empfang zu nehmen.

Aber: Fragen Sie sich einmal, wie oft Sie etwas, was Sie gerade tun, unterbrechen, weil jemand etwas von Ihnen möchte. Wenn man sich darauf eingelassen und Auskunft gegeben hat, kann man die eigene geplante Tätigkeit nicht mit der entsprechenden Muße weiterführen oder konzentriert beenden. Trotzdem gehen wir fast automatisch ans Telefon. Bei vielen Menschen geht sogar messbar der Puls in die Höhe, wenn es klingelt. Es ist gut, wenn Ihr Telefon das nächste Mal klingelt, kurz innezuhalten und sich zu fragen, ob Sie aus bestimmten Gründen, zum Beispiel wegen der Arbeit, abheben müssen oder ob Sie, wenn dies nicht der Fall ist, das Gespräch mal nicht entgegennehmen und sich gegebenenfalls zu einem späteren Zeitpunkt von sich aus melden. Achtsamkeit heißt ja auch lernen, sich nicht stören zu lassen.

Falls Sie beruflich viel erreichbar sein müssen, ist es hilfreich, bevor Sie ein Gespräch entgegennehmen, zweimal bewusst durchzuatmen und erst danach das Gespräch anzunehmen, um sich dann bewusst dem Gesprächspartner zu widmen.

Dies ist nur ein Minizeitfenster, welches aber ermöglicht, Distanz zu schaffen von dem, was Sie gerade gemacht haben und sich einzustellen auf das, worum es in dem folgenden Gespräch geht. Verwenden Sie ruhig Anhaltspunkte in Ihrer Umgebung (die genannten Zettel oder ein Smiley aufs Telefon geklebt) als Erinnerungshilfe.

Ab und zu mal das Autoradio auslassen

Wenn Sie das nächste Mal in Ihr Auto einsteigen, überprüfen Sie für einen kurzen Moment, wie Sie „selbst unterwegs sind“. Wie ist Ihre Körperspannung? Welche Gedanken und Emotionen beschäftigen Sie gegenwärtig? Sind Sie gedanklich schon einen oder mehrere Schritte weiter, beispielsweise an Ihrem Arbeitsplatz? Nehmen Sie sich vor, entweder den Weg zur oder von der Arbeit nach Hause, bewusst das Autoradio mal nicht einzuschalten, sich also nicht berieseln zu lassen mit allen möglichen Themen, die einem zugetragen werden. Erst dann starten Sie den Motor und bewegen sich Richtung Ziel. Ähnliches trifft bei Radfahrern oder Fußgängern für die dauerhafte Beschallung durch Kopfhörer zu.

Achtsames Nach-Hause-Kommen

Nehmen Sie sich jeweils einen Moment Zeit, um sich des Ankommens zu Hause bewusst zu werden. Versuchen Sie, unnötige Themen und Belastungen nicht automatisch in Ihren Privatbereich mitzunehmen. Manchmal ist es hilfreich, zuerst die Arbeitskleidung abzulegen und sich seine Privatheit bewusst zu machen. Nehmen Sie sich etwas Zeit hierfür. Wenn es möglich ist, gönnen Sie sich dann einige Minuten Zeit in Stille, machen Sie eine kleine Achtsamkeitsübung (z. B. Teemeditation aus ►Kap. „Teemeditation“, Sitzmeditation aus ►Kap. „Sitzmeditation“, Kaffeetrinken, kurzer Bodyscan aus ►Kap. „Time-out-Übung, kurzer Bodyscan“), um sich Ihrer Privatsphäre zu öffnen.

Achtsames Nach-Hause-Kommen, Ritual mit Katze

Unsere Katze ist meist tagsüber draußen unterwegs und scheint zu warten, bis jemand nach Hause kommt. Wenn ich aus dem Auto steige, kommt sie laut miauend von irgendwoher gelaufen. Es hat sich ein Ritual eingeschlichen: Ich koche mir eine Tasse Kaffee oder einen Tee, setze mich gemütlich aufs Sofa und die Katze setzt sich schnurrend auf meinen Schoß. Nach kurzer Zeit fällt mir ein, was ich noch alles zu erledigen habe, hier und dort gäbe es etwas zu tun. So eine schnurrende Katze hilft aber, das ein oder andere Mal länger zu verweilen und nicht auf alle auftauchenden Impulse zu reagieren, ich will ja schließlich die Katze nicht stören. Vergleichbares erleben auch Eltern, die ein schlafendes Baby im Arm halten: Für das Kleine bleibt man länger sitzen als geplant, man will ja die Ruhe des anderen nicht stören.

Nicht fertig werden, Geschichte

Oft leben wir in dem Gefühl, jetzt muss ich noch dies und das erledigen und dann, dann bin ich endlich fertig. Aber schon bald sind wir erneut getrieben von Dingen, die noch zu erledigen sind. Ein Ende ist nicht abzusehen. Nur noch mal kurz ... und schon ist man wieder vertieft oder verzettelt in eine andere Aktivität. Auf jeden Fall tritt keine wirkliche Ruhe ein. Umso faszinierender finde ich die folgende Geschichte, deren Inhalt sich manchmal mahnend aufdrängt, wenn ich mich mal wieder dabei ertappe, nicht fertig werden zu können.

Die Geschichte handelt von buddhistischen Mönchen, welche in einem Land mit einer langen Regenzeit leben. Sie sind alle sehr fleißig und bauen gemeinsam ein Haus. Als die Regenzeit beginnt, ist das Dach jedoch noch nicht fertig. Aber da es Tradition ist, legen zu Beginn der Regenzeit alle ihre Arbeit nieder und ziehen sich zur Meditation zurück. Ein junger, noch unerfahrener Mönch sieht dies und fragt seinen Meister: „Aber warum hören wir jetzt auf? Wir sind doch fast fertig! Es wird in das Haus hineinregnen." Der Meister antwortet mit ruhiger Stimme: „Was getan ist, ist fertig!" und zieht sich zur Mediation zurück.

Was getan ist, ist fertig. Das ist hier sehr eindrücklich.

Atmen, nachspüren, mehr nicht.

Lächeln Sie das nächste Mal, wenn Sie im Alltag daran erinnert werden.

Umgang mit Gefühlen

Besser werden im Fühlen

Gefühle sind ein komplexes Thema. In Kontakt kommen mit schwierigen Gefühlen wird häufig gleichgesetzt mit der Erwartung oder Befürchtung, sich darin zu verlieren oder gar darin zu ertrinken. Erich Fromm drückt es so aus: „Die Menschen neigen immer mehr dazu, über ihre Gefühle nachzudenken, anstatt sie zu fühlen.“

In der Kunsttherapie arbeite ich häufig mit einem Bild. Die Teilnehmer sollen sich ein Gefühl, zum Beispiel die Traurigkeit, wie ein Meer oder Gewässer vorstellen. Welche Möglichkeiten könnte es geben, um in Kontakt mit dem Wasser, also dem Gefühl zu kommen? Die Lösung basiert auf dem Wissen, dass wir schwimmen können. Es entstehen Bilder wie: erst mal den großen Zeh hineinhalten, auf einem Surfbrett darüber gleiten, in einem U-Boot untertauchen, mit Schwimmreifen durchschwimmen und andere – mehr oder weniger – mutige Lösungen. Nach einiger Zeit entwickeln Patienten Fantasien, die sie zunächst gestalterisch und später auf der Verhaltensebene umsetzen. Sie nähern sich quasi experimentell dem Thema an, um neue Erfahrungen zu machen und sich von alten Mustern zu lösen.

In den Achtsamkeitsübungen besteht die Gelegenheit, sich dosiert den Gefühlen anzunähern.

Es ist nicht möglich, keine Gefühle zu haben, aber es ist möglich, seine Gefühle zu verdrängen. Die meisten Menschen haben Angst, ihre Gefühle zuzulassen. Sie mauern sich gefühlsmäßig ein. Es gibt Unterschiede im subjektiven Erleben von Gefühlen. Einige Menschen nehmen Gefühle nicht wirklich als solche wahr, andere nehmen sie wahr, versuchen aber, sie nicht zu äußern oder gar zu zeigen. Manchmal werden Gefühle auch diffus wahrgenommen und können nicht eindeutig zugeordnet werden.

Auf jeden Fall ist es unglaublich, wie viel Energie Menschen aufbringen, um Gefühle zu vermeiden. Das trifft besonders auf schwierige und unangenehme Gefühle zu. Welche das sind, ist individuell und sehr verschieden. Menschen bemühen sich, Gefühle nicht zu erleben, zu spüren oder zu zeigen.
Es wird ebenso viel Energie investiert, eine Maske aufrechtzuhalten, hinter welcher das „Eigentliche“ verborgen bleibt. Diese Maske lässt nach außen hin einen Menschen unter Umständen sehr friedlich erscheinen. Aber es handelt sich um einen „faulen Frieden“, der kein wirklicher Frieden ist. In der Kunsttherapie nehmen manche Patienten beispielsweise das Bild eines Schnellkochtopfes zur Hilfe, um die befürchtete Macht der explodierenden Gefühle zum Ausdruck zu bringen. Der Wunsch, die Situation durch das Zuhalten des Deckels kontrollieren zu können, steckt dahinter. Je mehr Gefühle, wie zum Beispiel Traurigkeit, Angst und andere, nicht zugelassen oder unterdrückt werden, desto größer ist die Gefahr, dass die Fähigkeit, sich selbst zu spüren oder etwas fühlen zu können, verloren geht. Gedanken wie: „Wenn ich meine Gefühle erst mal zulasse, werden sie nie mehr aufhören.“ oder „Ich kann das nicht aushalten, ich werde verrückt.“ und andere zeigen die Dramatik der unterdrückten Gefühle.
Menschen, die vermeiden mit ihren Gefühlen in Kontakt zu kommen, neigen nicht selten zu einem ausgeprägten Aktionismus. Sie sind ständig aktiv, um abgelenkt von ihrer inneren Leere zu sein. An dieser Stelle ist es wichtig, ob die „Entscheidung für einen neuen Weg“ schon getroffen oder ansatzweise in Arbeit ist. Es ist zwar leicht, sich zu entscheiden mit seinen Gefühlen in Kontakt zu kommen, aber das ist anstrengend und fühlt sich manchmal fremd an. Es bedarf der mehrfachen Nachjustierung, um bei der ursprünglich getroffenen Entscheidung zu

bleiben. Die Wahrscheinlichkeit, in alte Muster zu rutschen, ist relativ groß. Es braucht die Bereitschaft, dies freundlich zu erkennen und sich immer wieder selbst zu ermutigen, auf dem neuen Weg zu bleiben. Die Anstrengung lohnt sich, denn langfristig werden Energien freigesetzt, welche die Lebensqualität deutlich erhöhen.

Achtsamkeitsübungen helfen, den Prozess, mit schwierigen Gefühlen umzugehen, in Gang zu bringen und ihn zu kultivieren.

Es ist wichtig, zunächst herauszufinden, wie die innere Haltung zu Gefühlen und entsprechenden Übungen ist. Sind Sie mutig genug, im Hier und Jetzt neue Erfahrungen zum Thema Gefühle zu machen? Übend können Sie dem begegnen, was schon da ist, Sie rollen diesen Gefühlen den „roten Teppich" aus. Lernen Sie, neue Erfahrungen mit Ihrer Gefühlswelt willkommen zu heißen, ohne sie zu vermeiden oder zu manipulieren.

Einerseits können Achtsamkeitsübungen helfen, eine zeitweilige Erholung von schwierigen Gefühlen zu ermöglichen. Dazu eignen sich insbesondere die Konzentration auf ein neutrales Meditationsobjekt, zum Beispiel den Atem (▸Kap. „Achtsames Atmen"), Hören (▸Kap. „Achtsames Hören"), Sehen (▸Kap. „Achtsames Sehen").

Andererseits tragen Achtsamkeitsübungen dazu bei, sich mehr ins Spüren zu begeben. Dies erreicht man, indem man sich zum Beispiel von Geschichten oder Imaginationen berühren lässt. Wichtig ist, dies in der Absicht zu tun, aufkeimende Gefühle eben nicht zu übergehen. In dem Moment, wo sie zunächst im Rahmen einer Übung (später auch außerhalb) auftauchen, heißt es, dabeizubleiben, ohne sich abzulenken. Wir lernen, *mit* dem, was wir fühlen, bewusst weiter zu atmen und zu beobachten, wie sich das Gefühl wellenförmig entwickelt.

Viele Menschen haben, wie die Abbildung zeigt, Angst, in Gefühlen zu ertrinken, oder glauben, dass bestimmte

Gefühle nie mehr aufhören. Gestorben aber ist an einem Gefühl noch niemand. Es ist eher umgekehrt: Nicht ausgelebte Gefühle führen häufig dazu, dass wir auf körperlicher und/oder psychischer Ebene Symptome entwickeln und krank werden.

Es gibt eine Parallele zwischen Atem, Gedanken und Gefühlen: Atmen ist ein passiver Vorgang, der Atem kommt und geht ohne unser Zutun. Gefühle kommen und gehen, auch die „machen“ wir nicht. Bezüglich der Gedanken ist es nicht anders, wir lassen sie nicht entstehen, sie kommen und gehen.

Etwas, was man nicht aktiv macht, zu kontrollieren, ist aussichtslos und macht wenig Sinn. Uns bleibt nur, dies zu erkennen und uns dieser Erkenntnis, in einer annehmenden Art und Weise zu öffnen.

Bereitschaft Gefühlen zu begegnen

Halten Sie im Laufe eines Tages gelegentlich inne und richten Sie die Aufmerksamkeit auf Ihre Gefühle. Versuchen Sie herauszufinden, was Sie in diesem Moment fühlen. Vielleicht ist Ihr Gefühl eindeutig oder es handelt sich eher um einen sogenannten Gefühlsbrei. Heißen Sie willkommen, was Sie vorfinden, und erlauben Sie, dass es Teil Ihres momentanen Erlebens ist. Nehmen Sie das Gefühl nur wahr. Bewerten Sie es nicht und versuchen Sie nicht, eine Erklärung dafür zu finden. Betrachten Sie es einfach und nehmen Sie die Bereiche im Körper wahr, in denen Sie etwas spüren können. Beschreiben Sie Ihr Gefühl gegebenenfalls mit „Da ist Traurigkeit.“ oder „Da ist Müdigkeit.“ Fragen Sie sich im Rahmen des Innehaltens, ob Ihnen das vorhandene Gefühl bewusst gewesen ist. Achten Sie auf einen beruhigenden Atemrhythmus und widmen Sie sich dann langsam wieder den Dingen, die

Sie vorher gemacht haben oder welche Sie planen, jetzt zu tun.
Wiederholen Sie diese Übung ruhig mehrfach am Tag, um sich besser kennenzulernen. 

Einstiegsübung zu Gefühlen

Bevor Sie die Kapitel zu den Gefühlen lesen, empfehle ich, zunächst die Einstiegsübung durchzuführen. Nach dem Zeichen für Übung  sollten Sie für einen Moment die Augen schließen.
Spüren Sie kurz nach, was Sie über das Gefühl des folgenden Kapitels denken, wie Ihre innere Haltung dazu ist und wie viele Widerstände auftauchen. *Was* nehmen Sie bei dem Gefühl *wo* in Ihrem Körper normalerweise wahr?
Bleiben Sie achtsam und identifizieren Sie sich nicht mit dem Gefühl. Denken Sie an das Gefühl nicht als „mein Gefühl", sondern nehmen Sie einfach nur das Gefühl wahr.
Dann sagen Sie beim Einatmen innerlich leise zum Beispiel das Wort „Angst" (später andere Gefühle) und beim Ausatmen das Wort „aus". Wiederholen Sie dies einige Male, bevor Sie sich thematisch intensiver mit dem jeweiligen Gefühl befassen. Diese Vorbereitung ist hilfreich, um sich dem Thema zu öffnen. Sie kann durchaus mehrfach, auch später, gemacht werden.
Machen Sie sich klar, dass es keine schlechten Gefühle gibt. Gefühle jeglicher Art sind bedeutungsvoll, um sich lebendig zu fühlen.
Denken Sie daran, dass es in erster Linie nicht darum geht, sich sofort besser zu fühlen, sondern, wie schon erwähnt, besser zu werden im Fühlen.

Traurigkeit

Spüren Sie in sich hinein, was in Ihrem Inneren zu dem Gefühl Traurigkeit auftaucht. Verfahren Sie, wie unter ▸Kapitel „Einstiegsübung zu Gefühlen“ beschrieben.

Traurigkeit ist eine belastende Emotion, die auf einem negativen, meist schicksalshaften Ereignis begründet ist und eine tiefe Betroffenheit enthalten kann. Trauer und Traurigkeit sind grundlegende Emotionen eines Menschen. Sie sind natürliche Reaktionen auf einen Verlust. Wir sind traurig, wenn eine Partnerschaft in die Brüche geht und uns jemand verlässt, wenn wir an einer Aufgabe scheitern, wenn wir von unserer Umwelt abgelehnt werden oder wir unseren Arbeitsplatz oder gar unseren Idealismus aufgrund von Krankheit verlieren. In solchen Phasen traurig zu sein, ist ein Zeichen seelischer Gesundheit. Denn Traurigkeit ist

Teil eines Verarbeitungsprozesses und ein erster Schritt auf dem Weg zu Akzeptanz und Neuanfang.
Trauer ist kein passiver Zustand, der von allein wieder abklingt. Trauer ist ein aktiver Prozess der Auseinandersetzung, dessen Ziel die Zustimmung und Akzeptanz ist. Sie ermöglicht es beispielsweise Hinterbliebenen, nicht in Verzweiflung und Verbitterung zu verharren, sondern neue Bindungen einzugehen.
Bei Traurigkeit ist die Wahrnehmung meist in irgendeiner Form auf Verlust ausgerichtet. Auf der Handlungsebene führt dies nicht selten zu Rückzug und Vermeidung. Vermeidung ist nur eine kurzfristig sinnvoll erscheinende Reaktion. Langfristig führt sie eher zu Problemen, nicht selten in die Isolation.
Gelebte Traurigkeit hingegen ist kurzfristig anstrengend, aber langfristig hilfreich, um Abschied zu nehmen und Verluste zu verarbeiten. Viele Menschen haben Angst davor, Gefühle wie Trauer oder Traurigkeit zuzulassen, weil sie befürchten, dass diese nie mehr aufhören könnten. Im Rahmen von Achtsamkeits- und Mitgefühlsübungen können wir lernen, Traurigkeit sequenziell wahrzunehmen und sie als Teil unseres Lebens zu akzeptieren, welches mit Aufs und Abs wellenförmig verläuft. Es ist richtig, dass Traurigkeit beispielsweise zu einer Beerdigung dazugehört, aber man braucht sein Haus nicht auf dem Friedhof bauen.
Zu Ihrem neuen, achtsamen Weg gehört auch, dass Sie, wenn Sie das nächste Mal merken, wie Sie traurig werden, die Bereitschaft entwickeln, mit der Traurigkeit in Kontakt zu kommen. Nur so können Sie erfahren, im Hier und Jetzt nicht in das befürchtete Loch zu fallen.
Gefühle, auch Trauer oder Traurigkeit, haben einen Anfang und ein Ende, genau wie Gedanken oder Geräusche (► Kap. „Achtsames Hören“).

Atmen mit der Traurigkeit

Wenn Sie das nächste Mal traurig sind, ziehen Sie sich an einen Ort zurück, an welchem Sie nicht gestört werden. Stellen Sie sich darauf ein, Ihrem Gefühl begegnen zu wollen.

Nehmen Sie sich hierfür Zeit. Sagen Sie innerlich zu sich „ich und meine Traurigkeit“. Wiederholen Sie dies einige Male. Sagen Sie sich auch: „So ist oder so war das eben.“ Wiederholen Sie dies ebenfalls. Formulieren Sie dann beim Einatmen das Wort „traurig“ und beim Ausatmen das Wort „aus“. Wiederholen Sie auch dies einige Male mit viel Ruhe. Nehmen Sie ablenkende Impulse zur Kenntnis, ohne darauf zu reagieren. Tun Sie dies alles in einer annehmenden, freundlichen Haltung, wohl wissend, dass Sie bislang vermieden haben, mit derartigen Gefühlen in Kontakt zu kommen. Versuchen Sie auch, ganz genau wahrzunehmen, wo in Ihrem Körper Sie spüren, dass Sie traurig sind. Wo genau sitzt Ihre gefühlte Traurigkeit, wie groß ist sie? Atmen Sie langsam und ruhig in die Gegend Ihres Körpers, in welcher Sie die Traurigkeit am deutlichsten wahrnehmen können. Erwarten Sie nicht, dass sie weggeht oder wünschen Sie nicht etwas anders. Beobachten Sie, wie es sich anfühlt, sich dem Gefühl zu öffnen, anstatt sich dagegen zu verschließen. Atmen Sie still und ruhig mit folgendem Satz: „Traurigkeit ist wie ein Fluss, in dem es keinen Sinn macht, gegen den Strom zu schwimmen.“

Eine Meditationsübung kann auch helfen, Dinge aus der Vergangenheit anders zu sehen.

Lassen Sie sich durch die Sätze anrühren und beobachten Sie auftauchende Gedanken und Gefühle. Manchmal kann ein solches Ritual hilfreich sein, um den Prozess des Annehmens in Gang zu bringen, welches natürlich unter Aussparung der dazugehörigen Gefühle nicht funktioniert.

Angst

Spüren Sie in sich hinein, was in Ihrem Inneren zu dem Gefühl Angst auftaucht. Verfahren Sie, wie unter ►Kapitel „Einstiegsübung zu Gefühlen“ beschrieben.

Angst ist eine Grundemotion, die bei der Entwicklung von Lebewesen auf der Erde eine enorme Rolle gespielt hat. Angst hilft uns, Gefahren zu erkennen, ihnen zu entkommen und ihnen vorzubeugen. Angst an sich ist daher ein überlebenswichtiges Warnsystem. Es gibt eine Vielzahl von spezifischen und unspezifischen Auslösern von Angst: Wiedererleben oder Erinnern einer ehemals gefährlichen Situation, Stille, Alleinsein, Dunkelheit, die Vorstellung zu sterben, die Vorstellung verletzt zu werden, die Vorstellung die Kontrolle zu verlieren, die Vorstellung jemanden oder etwas sehr Wichtiges zu verlieren und vieles mehr.
Die Angst wird über sehr starke und spezifische Körperreaktionen vermittelt, die darauf abzielen, entweder auf Kampf oder Flucht vorbereitet zu sein oder den „Totstellreflex“ einzuleiten. Der Körper reagiert zunächst mit Herzklopfen, Zittern, Schwitzen, Kloßgefühl, Enge, beschleunigter Atmung ... Angst ist immer dann gerechtfertigt, wenn man selbst oder jemand Nahestehendes tatsächlich oder in naher Zukunft bedroht ist. Bei realer Bedrohung macht es Sinn zu fliehen, sich Hilfe zu holen, sich zu wehren. Grundsätzlich ist es aber wichtig, zwischen berechtigten, das heißt gegenwärtig bedrohlichen Auslösern, und ehemals bedrohlichen Auslösern zu unterscheiden.
Das Gefühl Angst lässt sich jedoch abschwächen, wenn man erkannt hat, manchmal auch erst mit therapeutischer Hilfe, dass Ängste gegenwärtig nicht angebracht sind. Bei Angst laufen zwei Prozesse ab. So wird zum einen eine Situation als bedrohlich eingeschätzt, zum anderen taucht

das Gefühl der Ungewissheit auf, diese Bedrohung bewältigen zu können. Diese Ungewissheit verstärkt das Gefühl des starken Bedrohtseins, was wiederum für den betroffenen Menschen sehr belastend ist. Obwohl sie als sehr unangenehm empfunden wird, ist Angst an sich „ungefährlich". Erst durch ständige Verleugnung oder Verdrängung kann sie bedrohlich wirken. Fatalerweise neigen wir dazu, Dinge, vor denen wir Angst haben, zu vermeiden. Um Angst abzuschwächen, sollte man genau das Gegenteil von Vermeidung anstreben: in der Situation bleiben, sich aktiv damit auseinandersetzen. Wer Angst vor dem Straßenbahnfahren hat, sollte so oft wie möglich mit der Straßenbahn fahren. Vielleicht zunächst ein oder zwei Stationen, dann bis zur Endstation und wieder zurück. Versuchen Sie, Kompetenz zu erlangen oder wieder zu erlangen. Auch hier ist es so: „Üben macht den Meister."

Angst ist häufig begleitet von angstverstärkenden Gedanken wie: „Das ist bedrohlich." „Das kann ich nicht." „Das halte ich nicht aus, nichts wie weg hier."

Durch Angst geprägtes Verhalten führt dazu, dass man versucht, diese oder vergleichbare Situationen zu meiden, um mit der Angst möglichst nicht in Kontakt zu kommen. Vermeidung wächst wie Unkraut, sie vermehrt sich und führt dazu, dass bestimmte Dinge langfristig gemieden werden. Es führt sogar dazu, dass sich dieses erlernte Verhalten unter Umständen auf andere Lebensbereiche ausdehnt. In unserer Klinik gibt es eine geflügelte Redewendung, übrigens nicht nur für Patienten, sondern auch die Behandler: „Da, wo die Angst ist, geht's lang."

Dieser Satz ist für mich eine Ermutigung, sich den Herausforderungen des Lebens zu stellen, sich nicht zu verkriechen. Neue Schritte zu gehen. An sich zu arbeiten. Sich zu überwinden. Aus seiner Bequemlichkeit herauszutreten und für seine Wünsche und Ziele zu kämpfen. Entscheidungen zu treffen.

Eine Möglichkeit, mit Angst umzugehen, ist, sich dem Gefühl zu öffnen, es zu spüren, ohne sich abzulenken. Falls es aber unerträglich, nicht auszuhalten scheint und es in erster Linie darum geht, sich kurzfristig zu beruhigen, beispielsweise um handlungsfähig zu sein, ist entgegengesetztes Denken oder Handeln angesagt. Das schwächt die Angst ab.
Entgegengesetztes Denken wäre, sich an Situationen zu erinnern, die man schon bewältigt hat. Man kann sich einen starken inneren Helfer vorstellen. Man kann sich einen sicheren Ort vorstellen. Man kann die Realität überprüfen und sie mit der eigenen Befürchtung abgleichen.
Sinnvoll ist es, beide Strategien zu üben: sich der Angst öffnen und sie abschwächen.

Atmen mit der Angst

Wenn Sie das nächste Mal Angst haben und es eigentlich keinen Grund zur Flucht gibt, ziehen Sie sich einen Moment zurück. Stellen Sie sich darauf ein, Ihrer Angst zu begegnen, ihr den bereits erwähnten „roten Teppich" auszurollen. Beobachten Sie genau, in welchem Bereich Ihres Körpers die Angst am deutlichsten wahrnehmbar ist. Atmen Sie ruhig in diese Gegend hinein.
Angst ist manchmal wie ein wildes Pferd. Es ist scheu, es rennt weg, es ist unberechenbar. Manchmal hat man den Eindruck, dass das Pferd gar nicht zu zähmen ist. „Lerne, auf der Angst zu reiten." Manchmal ist die Angst stark und man zittert, aber manchmal ist sie ganz klein, ganz winzig. Angst ist eben unterschiedlich.
Im Grunde genommen ist es wie mit allen anderen Gefühlen auch. Man kann Gefühlshöhen und -tiefen erkennen, wie bei Wellen. Manchmal spürt man aber auch gar nichts. Diese Unterschiede zu erkennen, ist eine wesentliche Voraussetzung, um die Angst zu „zähmen" und ihr die Macht zu nehmen.

Nehmen Sie in der Übung alle aufkommenden Gedanken und Gefühle wahr. Falls Impulse auftauchen, welche Sie von der Übung wegbringen, nehmen Sie diese zur Kenntnis und versuchen Sie, ihnen zu widerstehen.

Entgegensetzte Haltung, „Heldenpose", Übung

Die „Heldenpose" ist eine Körperhaltung aus dem Yoga. Der Rücken ist aufgerichtet, die Schultern sind abgesenkt. Die Kopfhaltung ist aufrecht und der Rücken gerade. Die Beine sind in Schrittstellung, die Füße haben einen festen Stand. Die Arme sind auf Schulterhöhe ausgestreckt und zeigen seitlich weg vom Körper, die Handflächen sind geöffnet und zeigen nach unten, die Finger sind ausgestreckt. Die gesamte Köpermuskulatur weist eine gewisse Grundspannung auf. Der Blick geht über die vordere Hand hinaus und ist nach vorn gerichtet. Der Gesamteindruck ist zuversichtlich, aufgerichtet, stolz – ähnlich dem eines Helden.

Zorn, Ärger und Wut

Spüren Sie in sich hinein, was in Ihrem Inneren zu den Gefühlen Zorn, Ärger und Wut auftaucht. Verfahren Sie, wie unter ► Kapitel „Einstiegsübung zu Gefühlen" beschrieben.

Wut ist eine sehr heftige Emotion, die häufig eine impulsive, aggressive Reaktion auslöst. Meist wird sie durch eine als unangenehm empfundene Situation oder Bemerkung, zum Beispiel eine Kränkung verursacht. Wut ist heftiger als Ärger und schwerer zu beherrschen als Zorn. Wer leicht in Wut gerät, ist meist weniger gut imstande, sich selbst zu regulieren und zu kontrollieren. Psychologen grenzen die Wut von Zorn und Ärger ab, indem sie von einem „höheren Erregungsniveau" und stärkerer Intensität sprechen. Zorn richtet sich nicht primär auf uns selbst, sondern auf etwas Übergreifendes. Zorn ist etwas distanzierter im Erleben und somit manchmal leichter zu handhaben.
Ablehnung und Zorn, Ärger und Wut haben viele Ausdrucksformen. Sie entstehen meist, wenn wir stark bewerten, zum Beispiel bei Hass, Vorurteilen, Eifersucht und so weiter. Es gibt starke Abneigungen gegen Menschen, denen wir uns unterlegen glauben, die wir nicht kontrollieren können, die andere Meinungen haben, eine andere Nationalität oder die unsere Erwartungen nicht erfüllen. Ebenso können diese starken Gefühle auftauchen, wenn wir nicht unseren Willen bekommen, sich andere anders verhalten, als wir es erwarten. Manchmal geht die Kontrolle verloren und große Anspannung kommt hinzu. Auf körperlicher Ebene zeigt sich dies durch Verspannungen im Bereich des Kiefers oder der Fäuste. Das Herz-Kreislauf-System wird mobilisiert, der Kopf rötet sich.
Bei starker Wut ist man bereit anzugreifen, zuzuschlagen, Dinge zu zerstören oder zu werfen. Es werden Rachepläne

geschmiedet. Unsere Gedanken können nicht loslassen, wir „köcheln“ auf kleiner oder großer Flamme. Die unangenehmen Gefühle münden in Gedanken der Schuldzuweisung an andere Menschen, in Schuldgefühle, Selbstverachtung oder Angst.

Sicherlich ist es unmöglich, sich vollständig vor Wut und Ärger, Zorn und Ablehnung zu schützen. Wer immer Ziele im Leben umsetzt, läuft Gefahr, auf Hindernisse zu stoßen. Hilfreich ist es, ein gewisses Maß an Achtsamkeit, Toleranz und Nachsicht zu entwickeln. So ist es durchaus möglich, unangenehme oder als Feinde betrachtete Menschen als eine Art Trainingspartner zu sehen, die von einer „höheren Macht“ geschickt wurden, um auf dem Gebiet der Toleranz, der Achtsamkeit und der Nachsicht zu schulen.

Es macht wenig Sinn zu erforschen, auf wen oder was der Zorn gerichtet war und warum. Bei der Erörterung dieser Frage verstrickt man sich meist noch heftiger. Besser ist es, sich auf die Erscheinungsmerkmale der Energie von Zorn und Abneigung zu konzentrieren.

Was ist eigentlich Zorn? Was ist Abneigung? Wie fühlt sich das im Körper an, in unseren Gedanken? Sind die Augen zusammengekniffen? Sind die Fäuste geballt? Wie spüren wir Zorn in der Magengegend? Wie beeinträchtigt ist unser Atem? Wo fühlt es sich im Körper eng und verspannt an? Was ist mit unseren Gedanken? Ist klares Denken noch möglich oder fühlen wir uns unfähig zu denken?

Mit Achtsamkeit erkennt man, dass Zorn und Ablehnung, Ärger und Wut purer Stress sind. Vielleicht will oder kann man am Anfang die Selbstgerechtigkeit nicht aufgeben oder die Schuldzuweisung an die Umwelt nicht zurücknehmen. Wichtig ist, sich frühzeitig des Gefühls bewusst zu werden, während es sich im eigenen Körper „zusammenbraut“. Manchmal ist es sicherlich hilfreich, wutauslösende Situationen zu verlassen, um sich selbst zu schützen. Trotzdem steigt Wut auch ohne erkennbaren Grund auf. Unter Um-

ständen ist es gut, sich abzureagieren. Wenn die Wut nicht zu groß ist, kann man versuchen, ihr im Rahmen einer Übung atmend zu begegnen. Vielleicht gelingt es, sich besser beruhigen zu können. Machen Sie sich klar, dass es verschiedene Möglichkeiten des Umgangs mit Wut gibt. In jedem Fall bedarf es des achtsamen Wahrnehmens, um erste Anzeichen zu erkennen. Wenn wir in großer Wut sind, können wir nicht mehr denken und üben. Deshalb ist es wichtig, dass wir uns in Aufmerksamkeit trainieren.
Mit Wut, Zorn und Ärger umzugehen, ist sicherlich ein längerer Prozess. Er setzt eine innere Entscheidung voraus, um sich von festgefahrenen Verhaltensmustern zu lösen.

Baum-im-Sturm-Übung

Eine Folge von starken Gefühlen deutet auf die verlorene Fähigkeit, sich zu zentrieren und sich so mit dem eigenen Kern oder Stamm zu verbünden, hin. Wenn wir diese Fähigkeit in unserem Leben mehr kultivieren, führt dies dazu, dass wir uns beispielsweise besser beruhigen oder auch konzentrieren können. Ich habe bei einem Retreat eine sogenannte „Baumübung" kennengelernt, welche genau diese Aspekte in mir angesprochen hat.

Führen Sie zunächst einen beruhigenden Atemrhythmus durch. Versuchen Sie, sich selbst wie einen Baum während eines Sturms zu sehen. Betrachtet man zunächst die Baumkrone, wird man sehen, dass die Zweige des Baumes durch den Wind sehr in Unruhe versetzt werden.
Schaut man jedoch auf den Stamm des Baumes, sieht man, dass dieser sich eigentlich kaum bewegt. Könnte man die Wurzeln des dem Sturm ausgesetzten Baumes betrachten, würde man sehen, dass sie sich gar nicht bewegen. Der

Baum ist gut geerdet und sehr sicher in seinem Verwurzeltsein.
Wir sind wie ein Baum im Sturm. Wenn wir in starken Gefühlen stecken, treibt uns das fast in den Wahnsinn, wir werden wütend, wir schreien. Das ist vergleichbar mit der unruhigen Baumkrone. Der Rat ist, in diesem Zustand nicht so sehr auf die äußeren Äste zu schauen, sondern sich vielmehr auf den eigenen Stamm zu besinnen.
Gönnen Sie dem Gehirn ein wenig Pause. Wenn wir uns in einem Streit befinden, ist es manchmal besser, zunächst aus der Situation herauszugehen, um sich dem Ärgernis nicht mehr auszusetzen. Nicht mehr hören, was die andere Person sagt und versuchen, sich erst mal zu beruhigen, hilft.
Wenn wir in starken Emotionen gefangen sind, ist es für einige Menschen gut, die Hände auf den Bauch zu legen und das Heben und Senken der Bauchdecke wahrzunehmen. So kommen wir quasi mit dem eigenen Stamm in Kontakt.
Um sich seiner Wurzeln gewahr zu werden und wieder Boden unter den Füßen zu spüren, können Sie ein paar Schritte in Ruhe gehen und dabei auf den Kontakt der Füße mit dem Boden achten. Bemühen Sie sich zunächst, Ruhe zu finden, um sich gegebenenfalls später, nachdem Distanz möglich war, mit dem Problem erneut auseinanderzusetzen. Vielleicht müssen Sie kilometerweit laufen, bis sich der Ärger beruhigt hat. Danach können Sie sich ihm in würdevoller Weise widmen oder Sie stellen fest, dass die reale Konfrontation mit dem Problem nicht mehr nötig ist.
Nehmen Sie alles, was anhand des gehörten oder gelesenen Textes auftaucht, wach und offen zur Kenntnis. Spiegelt diese Übung etwas Bekanntes wieder? Versuchen Sie, so freundlich wie möglich noch für eine Weile mit dem Bild des Baumes in der Übung zu verweilen. Atmen Sie ruhig und langsam. Beenden Sie diese Übung mit der Absicht, sich zukünftig in einer für Sie aufregenden (stürmischen)

Situation das Bild des verwurzelten Baumes aufzurufen, um sich beruhigen zu können.

Diese Übung kann auch bei anderen starken Gefühlen hilfreich sein, wenn wir gefährdet sind, uns zu verlieren, und es gilt, sich zu beruhigen.

Schuld

Spüren Sie in sich hinein, was in Ihrem Inneren zu dem Gefühl Schuld auftaucht. Verfahren Sie, wie unter ►Kapitel „Einstiegsübung zu Gefühlen“ beschrieben.

Ähnlich wie Scham ist auch Schuld eine „kognitive“ Emotion, das heißt, sie ist eng an den Gedanken geknüpft, etwas getan zu haben, was der eigenen Moralvorstellung widerspricht. Im Gegensatz zur Scham geht es bei Schuld um Handlungen. Das Schuldgefühl setzt die Annahme voraus, dass wir unsere Handlung oder das Geschehene „irgendwie“ beeinflussen können.
Wenn wir keinen Einfluss darauf haben, dass etwas passiert, können wir auch keine Schuld empfinden. Allerdings hat Schuld zwei Funktionen: einerseits eine soziale und andererseits eine individuelle Funktion. Das Schuldgefühl führt zum Bedürfnis, Sühne zu leisten, also ein Vergehen wieder gutzumachen. Die soziale Funktion ist also offensichtlich. Das Schuldgefühl signalisiert, dass wir eine wichtige Regel übertreten haben, worunter wir leiden. Deshalb wollen wir wieder gutmachen. Wir hoffen, dass uns die Gemeinschaft wieder aufnimmt, wenn wir Sühne geleistet haben.
Die Angst, von der Gemeinschaft ausgestoßen zu werden, ist eine Urangst des Menschen. Heute kann man den Versuch der Sühne in vielen Gemeinschaften beobachten, aber es hat nicht mehr die Bedeutung wie früher, wo der Ausschluss aus der Gemeinschaft den sicheren Tod bedeutete. Rituale der Wiedergutmachung findet man heute noch bei vielen Gemeinschaften, die keine Industriegemeinschaften sind, zum Beispiel bei Indianern, in Afrika oder bei den Inuit.
Die individuelle Funktion der Schuld ist viel schwieriger zu verstehen. Ein Kind, das sehr früh in seiner Familie Gewalt erlebt, hat keine Möglichkeit, sich zu distanzieren. Es sieht

in Vater und Mutter die einzige Chance und die alleinige Instanz. Aufgrund seiner Abhängigkeit steht es im Niemandsland. Es hat nur eine Chance, nämlich seine gewalttätigen Eltern zu lieben. Oftmals gibt sich das Kind als eigenen Erklärungsversuch die Schuld: „Ich bin schlecht, ich habe es so verdient, ich bin im Kern irgendwie verdorben." Indem das Kind die Schuld auf sich nimmt, hat es ein Erklärungsmodell, seine Welt wird wieder überschaubar, hat somit einen „Sinn".

Aber es gibt natürlich noch viele Arten irrationaler Schuld. Lokführer empfinden Schuld, wenn sie einen Menschen mit ihrem Zug überfahren. Tsunami-Betroffene fühlen Schuld, weil sie überlebt haben. Krebspatienten fühlen Schuld, wenn sie überleben, andere aber sterben. Ebenso empfinden Angehörige von Krebspatienten Schuldgefühle, wenn sie diese überleben. Irrationale Schuld geht also mit der irrationalen Vorstellung einher, dass das Geschehene irgendwie hätte beeinflusst werden können. Jetzt wird auch verständlich, warum gerade Menschen mit intensiven Ohnmacht-Erfahrungen lieber lebenslang Schuldgefühle auf sich laden als handeln, also aus der „Ohnmacht" herauskommen. Schuld, mag sie noch so widersinnig sein, bietet zumindest die Illusion von Kontrolle. Aber der Preis ist hoch.

Sicherlich ist ein Schuldgefühl dann berechtigt, wenn man tatsächlich gegen ein moralisches Gebot verstoßen hat. Allerdings nur, wenn man wirklich maßgeblich Anteil an der Tat hat, das heißt die Wahl hatte, anders zu handeln, und die Folgen vorhersehen konnte. Wenn man zum Beispiel die Vorstellung hat, nie wütend werden zu dürfen und dann trotzdem Schuldgefühle entwickelt, dann ist das ziemlich widersinnig. Wenn Schuld berechtigt ist, sollte man Sühne leisten. Wiedergutmachung ist immer dann angebracht, wenn es um Schäden im zwischenmenschlichen Bereich geht, die repariert werden können. Wird dann verziehen, sollte man es auch annehmen. Niemandem ist geholfen, wenn man ein Leben lang Schuld fühlt, ohne zu handeln und die Vergebung anzunehmen.

„Eingeschweißte" Schuldgedanken spielerisch in Bewegung bringen

Denken Sie darüber nach, welche Schuldgefühle Sie benennen können und prüfen Sie diese Gefühle unter dem Aspekt des Verstoßes gegen ein moralisches Gebot. Sollten Ihre Schuldgefühle mit Ihren Glaubenssätzen wie: „Ich bin schuld daran, dass es mir in meiner Kindheit so schlecht ging" oder „Ich bin schuld daran, wenn es anderen schlecht geht, weil ich ihre Bitte abgelehnt habe" oder „Ich bin schuld daran, wenn es anderen schlecht geht, weil ich auf meine eigenen Bedürfnisse geachtet habe" zusammenhängen, dann schreiben Sie einfach jedes Schuldgefühl, das damit zusammenhängt, auf ein Blatt Papier. Basteln Sie daraus Papierflieger und lassen Sie diese fliegen, wenn Ihnen das möglich ist.
Beobachten Sie, was mit Ihren Gefühlen und Gedanken passiert.
Vielleicht ist es Ihnen möglich, durch das In-Bewegung-Kommen der einzelnen niedergeschriebenen Gedanken etwas bei sich selbst in Bewegung zu bringen.
Versuchen Sie, in Kontakt zu kommen mit dieser Vorstellung und sogar Gefallen daran zu finden.

„Blätter im Fluss", Imagination

Die folgende Übung „Blätter im Fluss" ist eine meiner Lieblingsübungen aus einem ACT-Seminar bei Professor Georg Eifert (ACT = Akzeptanz- und Commitment-Therapie). Sie ist etwas verändert, aber meines Erachtens bestens geeignet, einen leichteren Umgang mit sämtlichen Gedanken und Gefühlen zu bekommen. Sie kann häufiger wiederholt werden. Die Rückmeldung von einer Vielzahl von Patienten ist, dass diese sich sehr tief berührt fühlen und sich mit dieser Übung gut selbst beruhigen können. Ich habe die Übung beim Kapitel zur Schuld platziert und genauer beschrieben, aber sie eignet sich durchaus für andere Gefühle und Gedanken.

Konzentrieren Sie sich zunächst auf Ihren Atem und beobachten Sie, wie Ihr Atem den Körper bewegt. Sie brauchen Ihre Atmung nicht zu kontrollieren, lassen Sie Ihren Atem einfach geschehen. Stellen Sie sich nun vor, dass Sie an einem Fluss mit einer angenehmen Umgebung bei einer behaglichen Temperatur sitzen. Beim Betrachten des Flusses fallen Ihnen einige große Blätter an der Oberfläche auf. Jedes Blatt sieht unterschiedlich in Farbe, Form und Größe aus. Nur eines haben sie gemeinsam, sie treiben in der langsamen Strömung vor sich hin.
Bleiben Sie einfach einen Moment bei dieser Vorstellung und schauen Sie dem Treiben der Blätter zu.
Wenn Sie bereit dazu sind, richten Sie Ihre Aufmerksamkeit auf das, was in Ihrem Inneren vor sich geht. Beobachten und benennen Sie jede Erfahrung, die auftaucht, Gedanken, Gefühle, Verlangen und Impulse. Achten Sie auf das, was in Ihrem Kopf und Körper geschieht. Benennen Sie es. Vielleicht sind da Gedanken wie: „So ein Quatsch, ich hab Wichtigeres zu tun."
Sobald ein Gedanke, eine Erinnerung, ein Impuls auftaucht, nehmen Sie ihn/sie und setzen ihn/sie in Ihrer Vorstellung auf ein Blatt, das an Ihnen vorbeitreibt. Beobachten Sie, wie das Blatt zunächst ein wenig hin- und herschaukelt, langsam davonzieht und somit Ihren Gedanken oder Impuls flussabwärts außer Sichtweite trägt. Schauen Sie danach wieder auf den Fluss und warten Sie auf ein

weiteres Blatt. Dann legen Sie den nächsten Gedanken, Impuls, das nächste Gefühl oder die nächste Erinnerung auf dieses Blatt. Beobachten Sie, wie auch dieses Blatt zunächst ein wenig hin- und herschaukelt, langsam davonzieht und genauso diesen Gedanken, Impuls oder Erinnerung langsam außer Sichtweite trägt. Legen Sie nun alles, was auftaucht, nacheinander auf ein großes Blatt. Schauen Sie alles bewusst an und lassen Sie es einfach flussabwärts treiben. Machen Sie damit weiter, solange Sie wollen. Um die Übung zu beenden, richten Sie die Aufmerksamkeit auf die Sie umgebenden Geräusche. Öffnen Sie die Augen mit der Absicht, sich dieses sanfte Erlauben und die Selbstakzeptanz in den Rest des Tages mitzunehmen.
Wenn Sie die Möglichkeit dazu haben, können Sie das Erlebte in Form eines Bildes festhalten und betonen. Falls Sie in einer Gruppe üben, ist es hilfreich, sich über das, was Ihnen in der Übung gedanklich und emotional begegnet ist, auszutauschen.

Entgegengesetzte Haltung zur Schuld

Wenn Sie eine Flamenco-CD besitzen, kann es hilfreich sein, diese zur Unterstützung einzulegen. Alternativ finden Sie auch online Radiosender, die auf Flamenco-Musik spezialisiert sind wie z.B. http://canal flamenco.radio.de
Wichtig ist, dass Sie den Kopf hoch nehmen, sehr aufgerichtet sind, der Rücken gerade ist.
Nehmen Sie einfach eine Haltung ein, die an eine stolze Tänzerin oder einen stolzen Tänzer erinnert. Ob Sie Flamenco tanzen können oder nicht, ist völlig nebensächlich. Wichtig ist allein Ihre Körperhaltung. Sie können sich in dieser Haltung einige Schritte durch den Raum bewegen;

wenn es Ihnen möglich ist, können Sie die Schritte ruhig tanzen. Falls Sie Musik zur Hand haben, wird der Rhythmus Sie mitreißen, aber auch ohne CD ist es möglich, sich in die Musik hineinzudenken und die Wirkung der Haltung und der Bewegung zu spüren.
Natürlich ist es besonders schön, wenn man diese Übung in einer Gruppe macht. So „arbeitet“ man gleich noch an seinem Schamgefühl. Nur Mut.

Wenn Sie in einer Gruppe üben, kann man das Erleben noch toppen, indem sich jede anwesende Person sowohl in einer durch Schuld geprägten Körperhaltung als auch einer der Schuld entgegengesetzten Haltung fotografieren lässt. In unserer Klinik gibt es die Gruppe „Das Leben zurückerobern“ für traumatisierte Frauen, in der wir häufig mit sogenannten Vorher-nachher-Fotos arbeiten. In dieser Gruppe geht es neben den Themen Körper, Weiblichkeit und Genuss unter anderem auch um Gefühle wie Schuld und Scham. Der spielerische Umgang mit gemachten Fotos, auf denen gegensätzliches Verhalten oder Aussehen eingefangen wird, hat sich sehr bewährt. Er trägt, nach anfänglichen Widerständen, dazu bei, Bewegung in festgefahren Geglaubtes zu bringen. Das entwickelt eine wunderbare Gruppendynamik.

Neid

Spüren Sie in sich hinein, was in Ihrem Inneren zu dem Gefühl Neid auftaucht. Verfahren Sie, wie unter ► Kapitel „Einstiegsübung zu Gefühlen“ beschrieben.

Das Gefühl von Neid entsteht häufig, wenn man wahrnimmt, dass eine andere Person oder eine andere Gruppe etwas besitzt, das „eigentlich“ einem selbst zustehen würde. Es ist also „ungerecht“, dass der oder die andere dies besitzt. Neid kann sich auf eine Körpereigenschaft, ein Talent, eine soziale Position oder Besitz beziehen. Immer dominiert der Grundgedanke, dass der oder die andere einem etwas „wegnimmt“, was eigentlich mir zustehen würde. Dieses Zwicken in der Magengegend, wenn man so gern etwas hätte, das jemand anderem gehört, kennt jeder mehr oder weniger. Neid kann zerstörerisch sein, sodass das Denken ausschließlich darum kreist. Neid wird meist nicht öffentlich zur Schau getragen. Es ist eines der Gefühle, über die man sehr wenig spricht. Häufig geht mit Neid ein Gefühl eigener Unzulänglichkeit einher. Das heißt, das Gefühl von Neid wird oft unbewusst übergangen und rasch in Handlungen umgesetzt. Diese sind meistens von Wut und Hass getragen. Intrigen, Mobbing, Stalking basieren sehr häufig auf Neid. Neid ist die Schwester der Scham und wird deshalb oft verborgen ausgelebt. In aller Heimlichkeit werden Dinge in Gang gesetzt, weil man weiß, dass Neid sozial geächtet ist.
Auch wenn man in Gruppen meditiert, taucht der Neidgedanke oft auf. „Wieso muss ich fortwährend an etwas denken und die anderen bleiben ganz ruhig im gegenwärtigen Moment? Alle anderen sitzen da wie kleine Buddhas, nur ich muss mich ständig bewegen.“
Der wichtigste Teil, um sich mit Neid auseinanderzusetzen, besteht darin, sich dieses Gefühl einfach einmal zuzuge-

stehen. Ja, ich bin neidisch auf dies oder jenes. Das wäre der erste Schritt. Der zweite Schritt besteht darin, sein Denken zu verändern. Neidvolles Denken beschäftigt sich oft mit vermeintlichen Ungerechtigkeiten. Aber ist es wirklich ungerecht? Was kann eine andere Person dafür, wenn sie besser aussieht, sich besser ausdrücken kann oder mehr besitzt? Woher wollen Sie wissen, ob sie sich deshalb wohler fühlt? Überlegen Sie doch selbst einmal, was Ihnen schon in den Schoß gefallen ist, welche Vorteile Sie schon hatten, was Ihnen schon Gutes getan wurde.

Neidgedanken zulassen, projizieren und loslassen

Denken Sie darüber nach, worauf Sie eigentlich neidisch sind. Wen oder was beneiden Sie besonders um etwas?
Gehen Sie ruhig ins Detail und schmücken es aus.
Stellen Sie sich nun eine Kinoleinwand vor und projizieren Sie alle Ihre Neidgedanken und -gefühle auf diese Leinwand.
Betrachten Sie die Leinwand und warten Sie, bis Gedanken oder Bilder auftauchen. Nehmen Sie alles, was auftaucht, zur Kenntnis. Beobachten Sie auch, wie alles von der Projektionsfläche verschwindet. Lassen Sie dann alles wieder los.
Manchmal dauert es eine Weile, bis sich die Leinwand füllt, manchmal dauert es eine Weile, bis sie sich wieder leert. Nehmen Sie sich Zeit und verfolgen Sie die Entwicklung.
Falls, was nicht zu erwarten ist, keine Bewegung aufkommt, stellen Sie sich die Neidgedanken in Form von Wolken am Himmel vor: Sie verweilen vorübergehend in Ihrem Blickfeld und werden durch den Wind weitergetragen, bis sie nicht mehr zu sehen sind. Beobachten Sie sich

selbst sehr genau, während Sie sich in der Fantasie auf die Übung einlassen. Was spüren Sie körperlich?
Nehmen Sie sich Zeit.
Beenden Sie die Übung mit einigen tiefen Atemzügen und möglichst mit der Bereitschaft, das nächste Mal, wenn Sie mit Neid in Kontakt kommen, sich nicht darin zu verlieren, sondern ihn frühzeitig freundlich wahrzunehmen und zu hinterfragen.

Dem Neidgefühl körperlich begegnen

Stehen Sie aufrecht. Versuchen Sie, sich gedanklich an Situationen oder Menschen zu erinnern, auf welche Sie neidisch waren oder sind. Malen Sie sich alles genauestens aus. Wo genau können Sie in Ihrem Körper etwas zu diesem Gefühl spüren? Wo sitzt der Neid genau? Wie groß ist der Bereich, in dem Sie ihn spüren oder erinnern können? Rollen Sie den „roten Teppich“ aus, um diesem ungeliebten Gefühl im Rahmen der Übung einmal Raum zu geben. Atmen Sie nun bewusst mit dem Neid. Sie können innerlich beim Einatmen formulieren: „ich und mein Neid“ und beim Ausatmen langsam das Wort: „aus“, ohne etwas zu verändern. Wichtig ist, eine Weile im Spüren zu bleiben. Nehmen Sie dann beide Hände und führen Sie sie zu Ihrem Brustkorb oder einer anderen Region Ihres Körpers, in der das Neidgefühl bei Ihnen sitzt. Beginnen Sie, diese Region mit den Fingerspitzen zunächst sanft abzuklopfen. Sie können den Druck beim Abklopfen Ihren Bedürfnissen entsprechend verstärken.
Intensive Gefühle, wie das Neidgefühl, sitzen häufig im Brustraum fest, wie eine Blockade. Das Abklopfen kann eine Lockerung herbeiführen und Festgesetztes sich lösen.
Versuchen Sie, Ihre Gesichtsmuskulatur zu entspannen. Der Unterkiefer darf bewusst nach unten fallen. Somit kön-

nen Sie die Mundwinkel leichter nach oben ziehen. Vielleicht können Sie sich sogar ein Lächeln entlocken, probieren Sie es aus.
Strengen Sie sich nicht an und versuchen Sie auch nichts zu erzwingen. Sie können einfach „machen“. Schauen Sie, was es gegenwärtig zu erleben gibt – das liegt bekanntermaßen häufig jenseits der Dinge, die wir erwarten.

Neidische Menschen leben in der Vorstellung: „Wenn ich das hätte, was du hast/wenn ich so wäre, wie du bist/wenn ich das könnte, was du kannst … – dann, ja dann, ginge es mir gut.“ Das kann einerseits, wie oben beschrieben, eher destruktiv sein, kann aber ebenso positive Energien freisetzen. Es kann beispielsweise bedeuten, ich strenge mich an, ich setze mich in Bewegung, um das Gleiche oder Ähnliches zu erreichen. Dies gelingt allerdings nur, wenn ich den Neid sozusagen als Herausforderung an mich selbst betrachte und meine Aufmerksamkeit deshalb den eigenen Möglichkeiten und Zielen zuwende. Doch in der Regel geschieht etwas anderes: Die Aufmerksamkeit bleibt auf den vermeintlichen Vorzug, Vorteil oder Vorsprung dessen, den wir beneiden, fixiert! Und hier liegt häufig ein tragischer Irrtum vor. Welcher? Man sucht das Problem am falschen Ort, man verlagert es sozusagen nach außen.
Um neiderfüllt zu sein, müssen schließlich immer zwei Bedingungen erfüllt sein:

1. Man muss sich mit anderen vergleichen.
2. Man muss an einem oder auch mehreren Punkten in seinem Leben unzufrieden sein.

Bedingung 1 gehört zum Leben dazu. Bedingung 2 liegt in unserer Hand.
Unzufriedenheit ist kein Schicksal. Ob wir zufrieden oder unzufrieden sind, ist nicht ausschließlich eine Frage der Lebensumstände, sondern es ist auch, und vor allem, eine

Frage der Einstellung zu diesen Umständen, man könnte auch sagen, eine Frage der Bewertung.
Wenn Neid sich destruktiv auswirkt, bringt er uns nicht weiter.
Man muss auch gönnen können und dies bedarf der Großzügigkeit und der Dankbarkeit!

Großzügigkeit

Spüren Sie in sich hinein, was in Ihrem Inneren zu dem Gefühl Großzügigkeit auftaucht. Verfahren Sie, wie unter ► Kapitel „Einstiegsübung zu Gefühlen“ beschrieben.

Ein altes Sprichwort lautet: „Geben ist seliger denn nehmen“. Großzügigkeit ist ebenso wie Geduld, Nichtbewerten, Loslassen und Vertrauen eine Grundlage der Achtsamkeitspraxis. Naturgemäß verbinden viele mit Großzügigkeit etwas, was mit Geld zusammenhängt. Natürlich kann es nützlich sein, Geld zu haben und anderen Menschen, denen es schlecht geht, etwas abzugeben. Es geht darum zu geben, ohne ständig darüber nachzudenken, ob ich auch etwas bekomme. Großzügigkeit ist kein Deal. Aber in erster Linie ist mit Großzügigkeit kein materieller Wert gemeint. Ich kann mir beispielsweise großzügig Zeit gönnen, um mir etwas Gutes zu tun.
Großzügigkeit mir selbst gegenüber bedeutet ebenso, dass ich mir selbst verzeihen kann. Großzügigkeit im Geben wirkt sich darauf aus, wie wir andere Menschen behandeln. Mit ihnen tatsächlich in Kontakt kommen, nicht nur denken: „Gibst du mir, gebe ich dir.“ Man kann einem anderen Menschen einfach Zeit geben, in der man ihm zuhört, ohne gleich seine eigenen Probleme aufzutischen. Ich kann mir großzügig Wertschätzung geben: „Ja, ich bin es wert, geliebt zu werden.“ „Ja, ich bin es wert, gut behandelt zu werden.“ „Ja, ich bin es wert, gemocht zu werden.“ Einige negative Grundannahmen werden Sie dabei großzügig über Bord werfen.
Machen Sie jemandem, den Sie nicht besonders leiden können, ein kleines Geschenk, lächeln Sie eine Person an, mit der Sie Stress haben. Indem wir geben, schleifen wir unsere rauen Kanten etwas ab. Es ist erstaunlich, was sich dadurch verändert, dass ich bewusst großzügig mit mir und anderen bin.

Großzügigkeit kommt nicht immer von allein, sondern kann geübt werden. Gefühle von Scham, die Angst vor Zurückweisung beispielsweise müssen überwunden werden. Aber die Belohnung, die Sie vielleicht bekommen, ist es sicherlich wert. Wenn Sie nichts bekommen, dann waren Sie wirklich großzügig.

Großzügig wie ein Gebirgsbach, Imagination

Stellen Sie sich einen kleinen Gebirgsbach vor, der aus großer Höhe hinunter ins Tal fließt.
Der kleine Gebirgsbach hat sich vor etlichen Jahren, Jahrzehnten oder gar Jahrhunderten seinen Weg gebahnt. Wenn Hindernisse im Weg waren, hat er seinen Weg um Hindernisse herum gewählt, ohne Anstrengung und ohne Kraft.
Auf seinem Weg durch die Landschaft, ist der kleine Gebirgsbach Kraftspender für alle Pflanzen an seinem Weg, er transportiert kostenlos alles hinunter ins Tal, was transportiert werden soll. Holzstückchen schwimmen auf ihm, Fische, Pflanzenreste, Blätter. Kühe und andere Tiere trinken aus dem Bach, der Mensch erfreut sich des frischen Wassers aus den Bergen. Der Bach spendet Energie und Lebenskraft. Auch wenn der ein oder andere sich Wasser vom Bach genommen hat, es kommt immer wieder welches nach. Die Quelle des Baches entsteht tief im Inneren des Berges und sorgt dafür, dass der Bach weiter fließen kann und die Menschen und Tiere an seinen Ufern sich nehmen können, was sie brauchen.
Die Natur ist großzügig. Sie gibt alles, was man braucht. Beschäftigen Sie sich nun noch zwei Minuten mit dem Gedanken des Gebens und Loslassens, also mit der Großzügigkeit.
Vielleicht hilft es Ihnen, das Erlebte, Vorgestellte oder Gedachte in Form eines Bildes einzufangen, um auch auf dieser Ebene einzutauchen und dem Gefühl von Großzügigkeit mehr Raum zu geben.

Dankbarkeit

Spüren Sie in sich hinein, was in Ihrem Inneren zu dem Gefühl Dankbarkeit auftaucht. Verfahren Sie, wie unter ▸Kapitel „Einstiegsübung zu Gefühlen" beschrieben

Dankbarkeit und Zufriedenheit sind die besten Mittel, um sich klar zu machen, ob das Leben tatsächlich so bitter ist, wie wir uns manchmal verhalten, oder eventuell auch nicht.

Wofür sollte ich dankbar sein?

Legen Sie einen Zettel und einen Stift bereit.
Wir kennen alle Momente oder auch Tage, in denen unser Leben nur aus Mängeln zu bestehen und nichts zu funktionieren scheint.
Legen Sie Ihre rechte Hand auf Ihre Herzregion und versuchen Sie, sich dem Thema Dankbarkeit mit dem Herzen zu öffnen.
Fragen Sie sich: „Wofür kann *ich* dankbar sein?" Halten Sie Ausschau nach Dingen oder Menschen, für welche Sie Dankbarkeit empfinden. Nehmen Sie sich etwas Zeit für diesen Teil der Übung. Schreiben Sie 20 Punkte auf.
Falls Sie nicht sofort 20 Punkte gefunden haben, ergänzen Sie die Liste zu einem späteren Zeitpunkt.
Schließen Sie nun ihre Augen.
Richten Sie Ihre Aufmerksamkeit auf eine Person, welcher Sie im Moment für etwas dankbar sind (das muss nichts Großartiges sein). Überlegen Sie, ob besagte Person von Ihrer Dankbarkeit weiß. Wenn nicht, entscheiden Sie jetzt im Rahmen der Übung, welche Geste, welches kleine Geschenk oder welche Worte geeignet wären, um der emp-

fundenen Dankbarkeit Ausdruck zu verleihen. Setzen Sie das Geplante möglichst zeitnah oder sogar noch heute um.

Geschichte zur Dankbarkeit

Die Geschichte handelt von zwei Männern, die sich auf einer Landstraße begegnen. Der eine ist ein reicher Mann, der andere ein Bettler. Der reiche Mann trägt einen kleinen Rucksack auf dem Rücken und einen betrübten Gesichtsausdruck im Gesicht. Der Bettler fragt, warum er denn so niedergeschlagen sei. Der Reiche antwortet, er sei auf der Suche nach dem Glück, er habe schon alles probiert, Reichtum, Macht, Beziehungen, Bildung, aber er sei sehr unglücklich. Er habe neulich ein paar Dinge in seinen Rucksack gepackt und habe sich dann auf den Weg gemacht, um sich selbst zu finden. Der Bettler hört sich das Ganze an, schnappt ohne Vorwarnung den Rucksack, läuft in den Wald und versteckt sich hinter einem Fels. Er beobachtet, wie der reiche Mann verzweifelt überall umherläuft und jammernd nach seinem Rucksack sucht. Dann stellt der Bettler den Rucksack mitten auf die Straße, hält sich aber weiterhin versteckt. Er beobachtet, wie der reiche Mann näher kommt, seinen unversehrten Rucksack entdeckt und vor Freude und Glück auf der Straße tanzt.
Der Bettler sitzt kopfschüttelnd hinter dem Felsen und sagt: „Verrückt, was bei manchen Menschen nötig ist, damit sie ihr Glück finden."

Nehmen Sie sich einen Moment Zeit und lassen Sie die Geschichte auf sich wirken.
Beobachten Sie, was in Ihrem Inneren für Gedanken und Gefühle auftauchen.

Formulieren Sie nun innerlich bei der Einatmung das Wort „Dankbarkeit“, bei der Ausatmung lächeln Sie. Wiederholen Sie dies einige Male in aller Ruhe.

Im Rahmen der Kunsttherapie kann es hilfreich sein, zum Beispiel eine Collage zum Thema Dankbarkeit anzufertigen. Meistens entwickelt sich so etwas wie ein Selbstläufer, anfangs stockend und zunehmend flüssig. Wenn man sich einlässt, entsteht auch auf der Gestaltungsebene mehr, als man dachte.

Dankbarkeit ist eine äußerst wichtige spirituelle Quelle, die wir nur selbst entwickeln können, unabhängig davon, wie das Leben in der Vergangenheit verlaufen ist.

Sich dem Thema Dankbarkeit mit dem Herzen zu öffnen, bedeutet, diese nicht auszusparen und sich von oberflächlichen Dankbarkeitsbezeugungen zu lösen. Dankbarkeit will gelebt werden.

Heute ist eine Chance, dankbar zu sein. Man kann für vieles dankbar sein, nicht alles ist selbstverständlich, doch wertschätzen wir es erst, wenn wir es verloren haben oder etwas nicht mehr funktioniert.

Eine Anmerkung noch zum Teilen: Materielles, unter Menschen geteilt, führt dazu, dass man selbst weniger hat. Wenn ich einen Apfel teile, habe ich selbst nur die Hälfte, also weniger. Spiritualität und Werte unter Menschen geteilt, führen dazu, dass sich das Geteilte vermehrt. Wenn ich also Dankbarkeit teile und lebe, wird sie sich vergrößern und vermehren.

Dankbarkeit in den Alltag integrieren

Wir kennen von uns selbst, wie es sich anfühlt, wenn sich ein anderer Mensch uns gegenüber dankbar zeigt. Es ist ein schönes Gefühl. Häufig wird schnell so etwas wie „Das ist doch nicht der Rede wert." oder „Das wäre doch nicht nötig gewesen." gesagt, fast wie ein Automatismus. Achten Sie das nächste Mal darauf, wie es sich anfühlt, wenn sich ein anderer Mensch Ihnen gegenüber dankbar zeigt. Wo kann man ein Gefühl von Dankbarkeit im Körper wahrnehmen? Genauso wichtig ist es, sich zu beobachten, wie es sich anfühlt, selbst Dankbarkeit zu zeigen. Es kann sich hier um eine verbale Äußerung, eine Geste, eine Umarmung oder auch ein kleines Geschenk handeln.

Beides sind gute Gelegenheiten, besser zu werden im Fühlen – genau dann, wenn es stattfindet.

Wer sich im Dankbarsein übt und mit Dankbarkeit durch die Welt geht, strahlt dies auch aus. Es hat eine Wirkung wie ein Magnet, zieht andere Menschen an, das heißt andere Menschen werden dieser Person anders und gern begegnen. Menschen, die Bitterkeit und Vorwurf vor sich hertragen, werden eher dazu einladen, sich von ihnen abzuwenden, was dann häufig zu noch größerer Verbitterung führt.

Stellen Sie sich mal vor, Sie waren im Rahmen Ihrer Weihnachtseinkäufe in zehn Geschäften und sind in neun Geschäften freundlich und kompetent bedient worden. Im letzten Geschäft allerdings war der Verkäufer unfreundlich und hat Sie schlecht beraten. Sie kommen erschöpft nach Hause. Was erzählen Sie?

Die Aufmerksamkeit ist häufig konzentriert auf das, was schlecht läuft oder auf das Leid, welches uns das Leben beschert hat. Eine Ausrichtung auf Mangel. Diese negative Fokussierung ist gefährlich und führt dazu, dass sich unsere Wahrnehmung reduziert. Das Gehirn lernt, sich in diesem Bereich zu bewegen. Durch Achtsamkeitsübungen können wir lernen, im Dunkeln unseres Mangelerlebens („Wofür soll ich dankbar sein? Ich habe so viel Schreckliches erlebt, so viel Ungerechtigkeit ...") den Schein der Taschenlampe auszurichten, auf das, was gut läuft.

Es ist ein Irrglaube, dass alles besser wäre, wenn wir dies oder jenes noch hätten. Obwohl die Mehrheit in unserem Land weder Hunger noch Durst leiden muss und viele, was Essen, Kleidung, Wohnung und ähnliche Grundlagen anbelangt, keinen Mangel haben, neigen wir dazu, uns immer mehr zu wünschen. Das Problem ist, dass ein Wunsch den nächsten ablöst. Die Befriedigung der Wünsche stellt uns nur kurzzeitig zufrieden. Gleich darauf folgen wieder Unzufriedenheit, Langeweile und eine gewisse Art von Rastlosigkeit.
Wir sind gefangen in sogenannten Wenn-Bedingungen. Wenn ich dies oder jenes besitzen würde, dann wäre ich glücklich. Das Besondere am Leben in Wenn-Bedingungen ist, dass man sein Leben permanent in die Zukunft verschiebt, somit nie den Moment lebt, denn der Moment kann nicht zufriedenstellend sein, da ja noch so viele Wünsche offen sind.
Wir sollten loslassen, wenn wir Zufriedenheit erreichen und im gegenwärtigen Moment leben wollen. Sowohl unsere Wünsche als auch die Bedingungen, unter denen wir meinen glücklich zu sein.

Einmal täglich dankbar sein!

Jammern kann jeder. Dabei hat auch ein echter Pechtag meist gute Momente und wenn es nur der Umstand ist, dass es nicht noch schlimmer gelaufen ist. Nehmen Sie sich einmal am Tag die Zeit, beispielsweise vor dem Schlafengehen. Versuchen Sie mindestens fünf Dinge zu finden, für die Sie an diesem Tag dankbar sind. Das dürfen auch Kleinigkeiten sein. Diese geistige Übung hilft nicht nur kurzfristig, sie kann auch Ihre Weltsicht oder die eigene Lebenseinstellung verändern, langfristig vielleicht auch positiv.

Übung zur Dankbarkeit

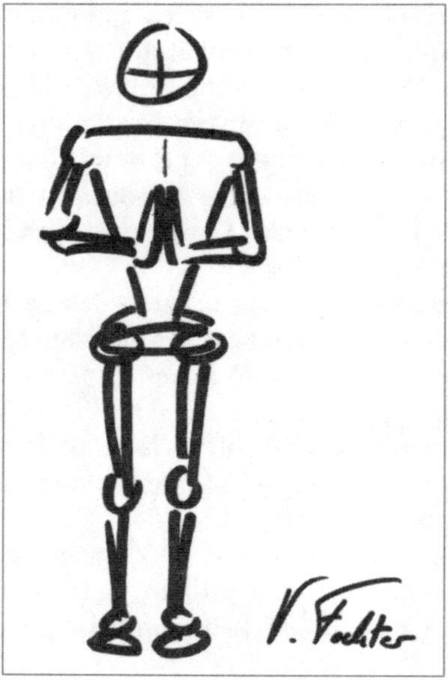

Diese Übung stammt aus dem Yoga.

Stehen Sie aufrecht, die Arme hängen seitlich neben dem Körper. Strecken Sie die Arme seitlich bis auf Schulterhöhe. Heben Sie nun die Arme gestreckt nach oben, bis sich die Handflächen über dem Kopf berühren. Senken Sie die aneinandergelegten Handflächen langsam, anmutig vor dem Gesicht ab, bis Sie die Daumenballen mit sanftem Druck gegen das Brustbein drücken können. Schließen Sie nun, wenn Ihnen das angenehm ist, Ihre Augen. Beobachten Sie still Ihren Atemfluss und versuchen Sie, einen beruhigenden Atemrhythmus zu finden. Lächeln Sie freundlich.

Wenn Sie bereit dazu sind, formulieren Sie nun und innerlich „Ich bin dankbar." Tun Sie dies mehrfach, langsam und leise.
Es ist nicht wichtig, für etwas Bestimmtes dankbar zu sein, sondern einfach nur: „Ich bin dankbar."
Beobachten Sie genau, wie sich das anfühlt.
Strecken Sie die Arme einatmend wieder nach oben. Senken Sie die Arme ausatmend langsam seitlich neben den Körper ab, lassen Sie sie dort hängen und spüren Sie nach.
Wiederholen Sie den Bewegungsablauf noch einige Male.
Es braucht ein wenig Übung, Zeit und vor allem die mutige Bereitschaft, sich vom Thema Dankbarkeit berühren zu lassen.

Freude und Glück

Spüren Sie in sich hinein, was in Ihrem Inneren zu den Gefühlen Freude und Glück auftaucht. Verfahren Sie, wie unter ▸Kapitel „Einstiegsübung zu Gefühlen“ beschrieben.

„Glück ist wie der Mond, der sich im Wasser spiegelt. Er leuchtet selbst in einer kleinen Pfütze mit ungetrübter Klarheit. Der ganze Mond und der ganze Himmel finden in einem Tautropfen am Grashalm Platz. Der Tropfen wehrt sich nicht gegen den Mond, und so solltest auch du dich nicht gegen dein Glück wehren. Glaube nicht, dass das Glück dich ganz aus dem Häuschen bringen wird. Nein, das Glück hat in der ärmsten Hütte Platz, denn es geht nicht in die Breite, sondern in die Tiefe. Suche nicht nach dem Glück von gestern oder morgen: Wann willst du glücklich sein, wenn nicht jetzt an diesem Ort?“

(Dogen Zenji, 1200–1253)

Freude ist sicherlich eines der schönsten Geschenke unter den Emotionen. Sie ist nicht auf ein Ziel, sondern auf den Moment gerichtet. Freude genießt den Augenblick ohne weitere Absicht. Sie hat oft etwas Leichtes, kann sich aber auch in Jubel steigern. Freude kann als Gegenteil von Depressivität empfunden werden. Sie setzt Energie frei und strahlt auf andere Menschen aus. Manchmal ist es hilfreich, sich klar zu machen, dass man seinem Glück nicht näher als im gegenwärtigen Moment kommen kann. Denn vieles, was das Leben bietet, kann mit Freude begrüßt werden, wenn wir uns dafür öffnen. Erwartungen und Klagen, dass noch etwas fehlt, oder von etwas Besserem träumen, sind echte Freude- und Glückskiller und halten uns von dem Erleben einer gewissen Zufriedenheit ab. Wir umgeben uns gern mit Menschen, die Freude empfinden und Freude ausstrahlen, denn dieses Gefühl ist ansteckend.

Freude entsteht, wenn wir angenehm überrascht werden, aber auch wenn man das bekommt, was man möchte oder wofür man hart gearbeitet hat. Wenn etwas nicht eintritt, worüber wir uns gesorgt haben, fühlen wir freudige Erleichterung, ebenso, wenn wir Hochschätzung, Respekt, Liebe und Zuneigung erhalten und von anderen akzeptiert werden. Wenn wir das Gefühl haben, zu jemandem oder zu einer Gruppe zu gehören, wenn wir mit jemandem zusammen oder in Kontakt sind, der uns mag oder liebt, entsteht Freude. Bei Freude fühlt man sich ein bisschen aufgeregt, physisch aufgeladen und aktiv. Man lacht, man wird manchmal rot, manchmal fühlt man sich offen und „ausgedehnt". Man könnte die ganze Welt umarmen. Kleinigkeiten, die man oft übersieht, überraschen durch Einzigartigkeit und Schönheit. Freude bringt mit sich, dass wir uns „ganz" fühlen, eins mit allen, nicht getrennt von irgendetwas. Es entsteht in der Freude oft das Gefühl, mit allen Wesen verbunden zu sein, und ein Gefühl von Zugehörigkeit. Dort wo Freude ist, will man bleiben.
Die Schönheit der Meditation liegt darin, dass sich Freude zunehmend von ganz allein einstellen kann. Manchmal sitzt man einfach da und muss während der Meditation lachen. Man fragt sich, wieso jetzt und warum und nimmt es einfach dankbar an.

Die Geschichte des Grafen

In dieser Geschichte geht es darum, Positives zu bemerken. Lesen oder hören Sie die Geschichte des Grafen, der sehr alt wurde, nicht zuletzt, weil er ein Lebensgenießer par excellence war.
Der Graf verließ niemals das Haus, ohne vorher eine Handvoll Bohnen einzustecken.
Er tat dies nicht etwa, um die Bohnen zu kauen. Nein, er nahm sie mit, um so die schönen Momente des Tages be-

wusster wahrzunehmen und sie besser zählen zu können. Jede positive Kleinigkeit, die er tagsüber erlebte, zum Beispiel einen fröhlichen Plausch auf der Straße, das Lachen eines Menschen, ein köstliches Mahl, eine feine Zigarre, einen schattigen Platz in der Mittagshitze, registrierte er damit. Für alles, was seine Sinne erfreute, ließ er eine Bohne von der rechten in die linke Jackentasche wandern. Manchmal waren es gleich zwei oder drei.
Abends saß er dann zu Hause und zählte die Bohnen aus der linken Tasche.
Er zelebrierte diese Minuten.
So führte er sich vor Augen, wie viel Schönes ihm an diesem Tag widerfahren war und er freute sich. Und sogar an einem Abend, an dem er bloß eine Bohne zählte, war der Tag gelungen – es hatte sich gelohnt zu leben!

Tun Sie es dem Grafen gleich, organisieren Sie sich Bohnen oder Vergleichbares und begeben Sie sich auf den Weg. Machen Sie nichts anders als sonst, nehmen Sie nur die Bohnen in der oben beschriebenen Weise mit auf den Weg.
Beobachten Sie, was passiert. Manchmal ist man schon allein durch das Lesen einer solchen Geschichte zutiefst berührt. Sammeln Sie Ihre eigenen Erfahrungen.
Vielleicht können Sie andere Menschen gewinnen, das gleiche Experiment zu machen, um sich hinterher besser austauschen zu können. Das kann sehr wohltuend und freudebringend sein.

Freude und Glück besser erfühlen

Nehmen Sie sich einen Moment Zeit. Konzentrieren sich auf Ihren Atem. Rufen Sie in Ihrer Erinnerung verschiedene Momente der jüngsten Vergangenheit auf, in

denen Sie sich über etwas gefreut haben, amüsiert waren, gelacht haben, sich glücklich gefühlt haben. Es ist wichtig, nicht nach großartigen Dingen Ausschau zu halten, sondern die letzten Tage zu durchforsten, um fündig zu werden. Tun Sie dies in der bekannten freundlichen inneren Haltung mit einem leichten Lächeln auf den Lippen. Dies begünstigt das Erinnern an freudig Erlebtes.
Während Sie sich innerlich auf die Suche begeben, lösen Sie sich von einem eventuell vorhandenen, verhärteten und verbitterten Gesichtsausdruck. Nehmen Sie sich Zeit.
Falls Gedanken und andere Themen auftauchen (was natürlich ist), versuchen Sie diese nur zur Kenntnis zu nehmen. Erkennen Sie, worum es sich handelt und nehmen Sie dann, in aller Freundlichkeit, die Suche nach freudigen Ereignissen der letzten Tage wieder auf.
Sammeln Sie ruhig mehrere Momente der Freude vor Ihrem inneren Auge und denken Sie an das Lächeln. Beobachten Sie, wo genau in Ihrem Körper Sie Freude spüren können. *Wo* genau gibt es *was* zu spüren. Atmen Sie speziell in diese Region, vielleicht sind es mehrere. Bleiben Sie bei Ihrem körperlichen und gedanklichen Erleben.
Atmen Sie mit dem Gefühl von Freude.
Sie können, falls es Ihnen hilft, beim Einatmen innerlich leise und langsam das Wort „Freude“ und beim Ausatmen leise und langsam das Wort „aus“ formulieren.
Wenn Sie bereit dazu sind, nehmen Sie sich für das nächste Mal in einer freudigen oder glücklichen Situation vor, genau in diesem Moment zu üben und dem Gefühl auf körperlicher Ebene zu begegnen. Damit schulen Sie sich im Fühlen dieser Gefühle. Bleiben Sie noch einen Moment in der Übung und richten Sie dann die Aufmerksamkeit nach außen, auf Geräusche, die an Ihre Ohren gelangen. Nehmen Sie noch einige ruhige, verlängerte Atemzüge.

Einsamkeit

Spüren Sie in sich hinein, was in Ihrem Inneren zu dem Gefühl Einsamkeit auftaucht. Verfahren Sie, wie unter ▸ Kapitel „Einstiegsübung zu Gefühlen“ beschrieben.

Der moderne Mensch legt, wenn er sein Haus verlässt, seine Rüstung an. Nein, nicht wie im Mittelalter, wo man sich eine Rüstung aus Eisen überstreifte. Der moderne Mensch setzt sein Ausgehgesicht auf, verändert seine Körperhaltung und signalisiert: „Sprich mich nicht an, schau mich nicht an.“ Um dies zu verstärken, werden meist noch Kopfhörer getragen oder das Handy ans Ohr gehalten. Im Zug, in der Straßenbahn oder im Bus legt man seinen Rucksack auf den Nachbarsitz, damit niemand auf die Idee kommt, sich daneben zu setzen. Viele Menschen sind sich dieser Vorgänge gar nicht bewusst. Aber wer sehenden Auges durch die Stadt geht oder öffentliche Verkehrsmittel benutzt, sieht die modernen Ritter unseres Zeitalters, die nach Achtsamkeit, nach Beachtung geradezu schreien, aber lieber ihre Einsamkeit beklagen.

Grundsätzlich ist der Mensch ein soziales Wesen. Allein kann er, zumindest als Kind, nicht überleben. Auch als Erwachsene sind wir von unseren Mitmenschen abhängig. Die Angst vor drohender Einsamkeit war entwicklungsgeschichtlich ein Motor zur Entwicklung sozialer Fähigkeiten. Allein, ohne die Gruppe, war der Mensch früher existenziell verloren.

Einsamkeit ist stark mit Verlassenheitsgefühlen, Heimweh und Sehnsucht nach Geborgenheit verbunden. Das Gefühl der Einsamkeit ist stark kognitiv bestimmt: „Ich bin mit anderen nicht verbunden.“ „Ich bin anders als die anderen.“ „Ich gehöre nicht dazu.“

Solche Gedanken gehen dem Gefühl der Einsamkeit häufig voraus. Alle Welt scheint sich zu mögen, nur ich stehe außerhalb. Problematisch wird dieses Gefühl, wenn es sich automatisiert. Es ist ein großer Unterschied, allein zu sein oder sich einsam zu fühlen. Ersteres kann durchaus angenehm sein, letzteres ist oft sehr quälend. Gefühlte Einsamkeit geht meist einher mit Selbsthass, Scham, Trauer oder Suizidalität.

Manchmal wird ein Gefühl von Einsamkeit begünstigt dadurch, dass wir die Dinge oder Menschen anders haben wollen, als sie sind. Wir können bestimmte Aspekte des Lebens nicht verändern, aber auch nicht akzeptieren. Wir können bestimmte Dinge nicht loslassen, versteifen uns darauf und verbittern. Dies kann zu einer entsprechenden Ausstrahlung führen, wodurch wir auf andere eher ablehnend wirken. Wenn wir achtsam in uns hineinhören, können wir sehen, ob dies der Fall ist. Es bedarf der inneren Entscheidung zu üben, sich den Menschen mehr zu öffnen, ihnen möglichst wertfrei, offen und freundlich zu begegnen. Denn nur gegenwärtig kann ich Einfluss nehmen.

Der Mensch ist nicht dazu geschaffen, dauerhaft allein zu sein und sich einsam zu fühlen. Es gehört zu unseren Lebensaufgaben, Beziehungen einzugehen und sich Freundschaften zu stellen. Achtsamkeit und spirituelle Erfahrungen helfen, das Gefühl dazuzugehören zu kultivieren.

Einsamkeit zu überwinden, hat zur Bedingung, sich auf andere zu konzentrieren und nicht nur auf sich selbst. Eine Möglichkeit ist, sich einen Freundeskreis zu suchen, mit dem man gemeinsame Interessen teilt. Das kann ein Sportverein, eine Meditationsgruppe, eine Tanzgruppe, eine politische Partei, eine Umweltbewegung oder sonst etwas sein. Wichtig ist, dass man sich in die Gruppe einbringt, sich öffnet und sich austauschen kann. Also, legen Sie Ihre Rüstung ab und setzen Sie Ihr Lächeln auf.

Fisch im Aquarium, Imagination

Versuchen Sie, durch das Betrachten eines Gegenstandes innerlich zur Ruhe zu kommen. Welchen Gegenstand Sie betrachten, ist nebensächlich. Wenn Sie nichts finden, betrachten Sie Ihre Schuhe, das heißt, achten Sie genau auf Form, Größe, Farbe, Position. Tun Sie dies für zwei Minuten.

Atmen Sie ruhig und tief und stellen Sie sich langsam folgendes Bild vor: Sie sind ein Fisch und schwimmen in einem Aquarium. Bei dem Versuch, am Leben des grenzenlosen Ozeans teilzuhaben, stoßen Sie mit der Nase immer wieder an eine Glasscheibe. Sie sehen die anderen Fische und Meerespflanzen, das ganze Leben spielt sich vor Ihrer Nase ab, aber Sie selbst können nicht dorthin gelangen. Bleiben Sie einen Moment bei dieser Vorstellung und beobachten Sie Ihre Gedanken und auftauchende Gefühle. Lassen Sie sich Zeit mit diesem Bild. In welchem Bereich Ihres Körpers können Sie anhand dieser traurigen Vorstellung etwas wahrnehmen? Wo genau?

Lassen Sie dieses Bild nun hinter sich und konzentrieren Sie sich für einige Atemzüge ausschließlich auf Ihren Atem.

Stellen Sie sich nun vor, dass es diese Glasscheibe nicht wirklich gibt.

Beobachten Sie erneut Ihre Gedanken und auftauchenden Gefühle. Lassen Sie sich auch mit diesem Bild Zeit. Versuchen Sie, sich so freundlich wie möglich diesem Thema zu widmen. Versuchen Sie, sehr genau wahrzunehmen, ob sich Ihre körperliche und gedankliche Wahrnehmung anhand dieser Vorstellung verändert?

Tun Sie dies für weitere drei Minuten.

Schließen Sie die Übung mit einigen tiefen, ruhigen Atemzügen ab.

Wenn Sie in einer Gruppe üben und die Gelegenheit haben, gestalterisch zu arbeiten, ist die Vorstellung vom Fisch im

Aquarium eine gute Basis, sich dem Thema auch auf dieser Ebene zu öffnen, um entsprechende Erfahrungen machen zu können.

Wassertropfen und Fluss, Imagination

Die Imagination „Wassertropfen und Fluss“ beschäftigt sich inhaltlich mit dem entgegengesetzten Zustand von Einsamkeit. Wenn man sich entsprechend einlässt, kann diese Übung ein Gefühl von tiefer Verbundenheit mit anderen Menschen, zunächst auf der Vorstellungsebene, ermöglichen. Sie ist aber auch hilfreich im übertragenden Sinne. Im Prinzip sind wir alle ein ganz kleiner Teil von einem Ganzen, das uns trägt.
Diese Übung ist eine gute Basis für eine kunsttherapeutische Auseinandersetzung.

Atmen Sie ruhig und langsam und sagen Sie sich innerlich den Satz:
„Sei wie ein Fluss und nicht wie ein einzelner Wassertropfen.“
Versuchen Sie, sich dies bildlich detailliert vorzustellen. Ein Tropfen ist immer isoliert, aber der Fluss ist immer die Summe von vielen Tropfen. Der Fluss trocknet nicht so schnell aus, auch nicht bei einer großen Hitze. Wenn wir uns nur wie ein einzelner Tropfen wahrnehmen, werden wir bei der nächsten Hitze austrocknen und uns schneller verloren fühlen. Schmücken Sie das Bild des Flusses aus und beobachten Sie genau, welche Gedanken und Gefühle auftauchen.
Bleiben Sie für einen Moment in dieser Vorstellung. Versuchen Sie wahrzunehmen, in welchem Bereich Ihres Körpers etwas zu spüren ist. Wie genau fühlt sich das an? Atmen Sie einige Male genau in diese Region hinein und kommen Sie dann mit der Übung zum Ende.

Lust und Verlangen

Spüren Sie in sich hinein, was in Ihrem Inneren zu den Gefühlen Lust und Verlangen auftaucht. Verfahren Sie, wie unter ▸Kapitel „Einstiegsübung zu Gefühlen“ beschrieben.

Etwas ersehnen und aushalten, es nicht zu haben, wird häufig als unmöglich erachtet. Aber dies ist eine gute Übung, wenn es um die Gefühle Lust und Verlangen geht.

Auch wenn es so aussieht, der Begriff „Lust“ meint nicht nur sexuelle Lust. Auch Drogen können Lust erzeugen, von gutem Essen, Musik, Bildern, Sport, hoher Geschwindigkeit, Spielen und so weiter ganz zu schweigen. All dem ist gemeinsam, dass wir uns der jeweiligen sinnlichen Erfahrung vollständig hingeben und dabei ein hohes Maß an „Glück im Augenblick“ erfahren. Besonders verbunden im gegenwärtigen Augenblick sind ins Spiel versunkene Kinder oder auch Menschen beim Liebesakt. Für beide gibt es nur den Moment, dem sie sich hingeben. Alle Sinne sind auf das Wahrnehmen und den Genuss ausgerichtet. Manchen Menschen ist dieses Erleben verwehrt, da sie gedanklich – wie so oft im Leben – schon einen Schritt voraus sind. Das gesamte Erleben scheint beispielsweise auf einen sexuellen Höhepunkt ausgerichtet zu sein.

Lust ist nicht zwingend an das Gefühl „angenehm“ gekoppelt. Sie kann auch an aversive Gefühle gekoppelt sein. Manche Menschen empfinden starke Lust, wenn dies mit Schmerz, Angst oder sogar Ekel gekoppelt ist.

Lust will Wiederholung. Wenn Menschen wiederholt starke Lust empfunden haben, so werden sie versuchen, diese erneut herbeizuführen. Das heißt, ihre Gedanken und Verhaltensmuster richten sich darauf aus und verlangen mit

der Zeit ausschließlich danach. Alles andere wird egal. Man will die Lust wieder erleben. Es entwickelt sich ein Drang oder Begehren, was wiederum nicht nur sexuell gemeint ist. Wir können Drogen, Waren, Glücksspiel und so weiter begehren; dieses Begehren heißt in der Fachsprache „Craving". Jeder, der schon einmal länger gefastet hat oder versucht hat, mit dem Rauchen aufzuhören, weiß, wie stark Verlangen sein kann.
Lust will sich steigern. Gleichzeitig entsteht permanent ein Gefühl des Mangels und der Unvollständigkeit. Was wir auch haben, es ist nie genug. Ein schönes Auto, ein neues Kleid, ein neues Handy können mit der Zeit langweilig werden und verlangen nach mehr. Die Gedanken kreisen permanent darum, wie wir das Objekt unserer Begierde in Besitz bekommen. In unserer Gesellschaft scheint jeder auf der Jagd nach dem nächsten Kick zu sein. Es ist ein Irrglaube, dass wir erst dann glücklich sind, wenn wir alles haben.
Und doch, selbst wenn alles da wäre, hätten wir dann Frieden und Ruhe? Ein weiteres Problem besteht darin, dass wir nur noch in zukünftigen Erwartungen schwelgen und den jetzigen Moment gänzlich aus den Augen verlieren.
Was also können wir tun? Zunächst geht es darum zu erkennen, was uns treibt. Was begehren wir und was hoffen wir, damit zu erreichen? Und dann gibt es nur einen Weg: Der Begierde nicht nachgeben. Nicht immer reagieren auf die inneren Impulse und die Aufforderung, doch weiter zu verlangen. Die Auseinandersetzung mit Achtsamkeit und den dahinterliegenden Grundhaltungen unterstützt das Entwickeln von Gleichmut. Was bedeutet, wir können lernen zu widerstehen. Wir sehen das Craving, also das Verlangen, wie eine Welle, die kommt, ihren Höhepunkt erreicht, aber doch wieder im endlosen Meer unserer Gedanken vergeht.

Starke Gefühle sind wie Wellen

Stellen Sie sich eine Welle vor, die sich ganz langsam mitten im Meer zu immer größerer Höhe auftürmt, bis sie so groß ist wie ein Wohnhaus.
Diese Welle rollt über das offene Meer, nimmt allmählich wieder ab, bis sie sich in der Nähe eines Strandes einer wunderschönen weißen Insel ausläuft.
Die Kinder, die auf dieser wunderschönen weißen Insel leben, springen vergnügt in diese kleine Welle hinein und freuen sich des Lebens.
So ist es mit allen unseren Gedanken, die bedrohlich sind, die uns zum Fürchten bringen, die uns unser Leben schwer machen. Sie sind Wellen.
Du kannst die Wellen nicht stoppen, du kannst nur lernen, auf ihnen zu reiten.
Beobachten Sie Ihre Gedanken und Gefühle, wenn Sie sich für drei Minuten das Bild der Welle vor Augen führen.

Standhaft wie ein Fels, Imagination

Nehmen Sie eine Körperhaltung an, in der Sie aufrecht, aber bequem stehen können. Die Beine stehen hüftbreit geöffnet, achten Sie auf einen festen Stand. Die Arme hängen locker seitlich am Körper. Diese Übung dauert circa drei Minuten. Falls Ihnen Stehen aus gesundheitlichen Gründen nicht möglich ist, können Sie diese Übung auch im Sitzen durchführen.
Stellen Sie sich vor, ein Fels zu sein, der mitten in einem Meer eine Insel bildet. Die Wellen brechen am Fuß des Felsens, die Gischt spritzt manchmal über den Felsen hinweg. Aber der Fels steht fest und unbeweglich, so wie Sie fest und unbeweglich stehen. Die Wolken, der Regen, der Son-

nenschein, die Gischt, all das macht dem Felsen nichts aus. Manchmal kommen nur kleine Wellen, manchmal rollen große Wellen über den Felsen, aber der Felsen steht.
So wie Sie jetzt stehen, fest wie ein Felsen, der den Wellen des Denkens und Fühlens widersteht.
Spüren Sie nach, wie sich das anfühlt. Welche Gedanken und Gefühle tauchen auf?
Verändern Sie nichts, sondern öffnen Sie sich Ihrem inneren Erleben. Atmen Sie ruhig und versuchen Sie, das Geschehen aus der Sicht des Felsens, wie ein Beobachter, zu betrachten.
Sie können im Anschluss ruhig zu Papier und Farbe greifen, um das Erlebte zu vertiefen oder auf der Gestaltungsebene weiterzuentwickeln. Wenn Sie Gelegenheit dazu haben, stellen Sie sich innerlich darauf ein und nehmen Sie sich die Zeit dazu. Es ist gar nicht wichtig, etwas Konkretes zu malen. Es kann durchaus sein, dass sich auf Ihrem entstehenden Bild diffuse Farben und Stimmungen zeigen. Es gibt auch hier kein richtig und kein falsch. Nehmen Sie das an, was da ist. Geben Sie ihm Raum, unabhängig auf welcher Ebene und mit welchem Medium.

Sie möchten sich diese Übung gerne anhören?
Sie finden sie auch als Audiodatei zum Download unter www.schattauer.de/3119.html

Scham

Spüren Sie in sich hinein, was in Ihrem Inneren zu dem Gefühl Scham auftaucht. Verfahren Sie, wie unter ▸Kapitel „Einstiegsübung zu Gefühlen“ beschrieben.

Scham ist ein äußerst peinigendes Gefühl. Sie ist sehr vielschichtig. Scham tritt häufig dann auf, wenn wir befürchten, soziale Bedeutung, das heißt Attraktivität, zu verlieren. Etwa wenn wir öffentlich beleidigt werden oder uns bloßgestellt fühlen, zum Beispiel durch einen Vorgesetzten, unsere Eltern oder Bekannte. Wir schämen uns auch vor uns selbst, wegen unserer Gedanken und Handlungen. Wir können uns ebenso für jemand anderen schämen, Freunde und Bekannte oder unsere Eltern, wenn wir oder diese unseren eigenen Ansprüchen nicht genügen.
Man kann sich für seinen Glauben schämen oder seine soziale Herkunft.
Wenn wir uns schämen, ist meist das erste Bestreben, sich unsichtbar zu machen, aus dem Blick der Öffentlichkeit zu verschwinden. Wir wollen uns abwenden, „in die Ecke stellen“, isolieren und verbergen, aber auch unterwerfen, um die Situation möglichst schnell hinter uns zu bringen. Je mehr man aus Scham in Verstecke flieht, desto mehr schämt man sich dafür, dass man es tut.
Man unterscheidet zwischen Scham und Demütigung. Scham bezieht sich meist darauf, wie wir und unsere vermeintlichen Schwächen sind. Demütigung bezieht sich eher auf das, was man uns antut. Demütigung führt zur Tendenz, aggressiv zu werden, um die Schmach zu rächen, die Ehre wieder herzustellen. Scham dagegen wird eher in Schuld umgewandelt. Wir fühlen uns schuldig, wenn wir wegen unserer Herkunft eine Stelle nicht bekommen, wenn wir von anderen darauf hingewiesen werden, Fehler begangen zu haben, die beispielsweise mit körperlicher Unzulänglichkeit zusammenhängen. Wenn wir einen vermeintlich

Schuldigen finden, zum Beispiel die Eltern, reduziert sich die eigene Scham. Wir erklären mit deren Herkunft unser eigenes „Versagen". Auch wenn wir uns selbst beschuldigen, erleichtert das die Scham. Häufige Schuldgefühle führen zu einem starken Vermeidungsverhalten (unglaublich eigentlich, wie viele Gefühle die Vermeidung nähren), dessen sollte man sich bewusst sein. Je mehr beschämende Situationen man erlebt, desto mehr zieht man sich zurück.

Die häufigsten Reaktionen auf Scham sind Wut und Hass. Das wird verständlich, wenn man sich klarmacht, dass es erfahrene Demütigung ist, welche die Scham auslöst. Gelingt es, sich gegen denjenigen zu wehren oder durchzusetzen, der einen demütigt, verfliegt die Scham. Ein Gefühl von befriedigter Rache stellt sich ein. Gelingt es nicht, sich zu wehren, richtet man seine Rachegefühle gegen Schwächere oder sich selbst.

Scham ist ein Gefühl, über das man selten spricht. Es spielt sich fast ausschließlich im Kopf und damit unsichtbar für andere ab. Trotzdem ist Scham auch von außen feststellbar. Schamgefühle tauchen auf, sobald sich zeigt, dass das tatsächliche So-Sein hinter dem eigenen Selbstbild zurückbleibt. Da das Selbstbild weitgehend dem entspricht, wie man in den Augen anderer erscheinen möchte, schmerzt das Schamgefühl besonders, wenn andere Zeugen „der Lücke" geworden sind – das klassische „Rotwerden".

Wer zu Schamgefühlen neigt, dem hilft es grundsätzlich, die Reaktionen anderer besser einschätzen zu lernen und nicht immer gegen sich gerichtet zu sehen. „Nichtbewerten" spielt dabei eine große Rolle, genauso wie das Aufgeben von Rückzugsverhalten, zumindest zeitweise.

Eine andere Körperhaltung einzunehmen, zum Beispiel den Kopf nicht tief zwischen die Schultern ziehen, ist ein bewährtes Mittel bei Scham. Üben Sie, aufrecht, mit erhobenem Kopf durch die Welt zu gehen. Schamgefühle bringen unseren Körper dazu, in sich zusammenzusinken, sich zu verschließen und zu verkrampfen.

Lassen Sie sich nun auf die nächste Übung ein. Seien Sie offen für neue Erfahrungen. Scham ist keine Schande. Richten Sie eine Verhaltensbereitschaft neu aus.

Entgegen der Scham handeln, Übungen

Knöpfen Sie Ihr Hemd oder Ihre Bluse verkehrt zu.
Gehen Sie auf eine Party oder Veranstaltung, auf der Sie niemanden kennen.
Tragen Sie Ihr T-Shirt bewusst verkehrt herum, mit Schild und Naht nach außen.
Gehen Sie einmal bewusst langsam inmitten von Menschen, die es eilig haben.
Kommen Sie bewusst zu spät.
Kleckern Sie bewusst oder tragen Sie ein Kleidungsstück mit einem kleinen Fleck!

Kommen Sie ganz bewusst in Kontakt mit Ihrem Erleben und glauben Sie nicht, schon zu wissen, wie sich etwas anfühlt. Vermeiden Sie nichts. Beobachten Sie genau, was Sie denken und *wo* Sie *was* im Körper spüren. Seien Sie neugierig auf die Reaktionen Ihrer Mitmenschen. Nehmen Sie wahr, wie es sich anfühlt, wenn keine Reaktionen erfolgen. Warum glauben Sie, reagieren die anderen Menschen nicht? Finden Sie heraus, ob die anderen beispielsweise den Fleck nicht wahrnehmen oder ob deren Blick immer wieder darauf fällt. Vielleicht verhalten sich die anderen auf diese Weise aus einem „Schamgefühl" heraus? Meistens handelt es sich um sogenanntes „Fremdschämen". Fremdschämen tritt in der Regel nicht isoliert auf. Es setzt ein generell ausgeprägtes Schamempfinden bei dieser Person voraus, der Betroffene neigt überhaupt zu vermehrter Scham. Wenn beispielsweise eine Person im Restaurant von der Toilette kommt und das Hemd noch nicht korrekt in

die Hose gesteckt hat, könnte es sein, dass wir uns stellvertretend für den Betroffenen schämen. Manchmal ist das Gefühl so intensiv, dass es einem kalt den Rücken herunterläuft. Die Wurzel von Fremdscham ist Mitgefühl. Haben Sie sich heute schon in Mitgefühl geübt?
Man schämt sich nur für andere, wenn man sich in deren Lage versetzen kann. Unser Gehirn simuliert, verhält sich also so, als würden wir das Beobachtete selbst vornehmen oder erleben.
Beobachten Sie diesen Prozess sehr genau und machen Sie sich den Mechanismus klar. Nutzen Sie erneut eine Gelegenheit, dies mit einer freundlichen Haltung zu tun. 

„Sonnenkrieger", Imagination und Übung

Der „Sonnenkrieger", eine Körperhaltung aus dem Yoga, ist eine wunderbare entgegengesetzte Körperhaltung.

Rufen Sie in Ihrer Erinnerung eine beschämende Situation der jüngsten Vergangenheit auf. Verfolgen Sie genau zurück, wie sich die Situation entwickelt hat. Wie hat Ihr Körper reagiert? Wie war Ihre Körperhaltung? Versuchen Sie, die Erinnerung so anzunehmen, wie sie sich zeigt. Nehmen Sie sich hierfür einen Moment Zeit. Atmen Sie ruhig und konzentriert.
Wenn Sie in Ihrer Vorstellung die zur Scham gehörende Körperhaltung noch einmal einnehmen, können Sie diese eventuell überbetonen. Waren Sie in sich zusammengesackt, die Schultern eingezogen oder Sie sind quasi in die Knie gegangen? Es könnte sich anfühlen, als wären Sie ein nasser Sack oder Vergleichbares. Experimentieren Sie in Ihrer Vorstellung mit dieser Köperhaltung.
Nehmen Sie nun – zunächst vorgestellt – eine der Scham entgegengesetzte Körperhaltung ein.
Vielleicht entspricht die Haltung der im ▸ Kapitel Angst beschriebenen Yogahaltung „Heldenpose“ oder sie ist ganz anders. Achten Sie darauf, dass die vorgestellte Körperhaltung von einer gewissen körperlichen Spannung geprägt ist. Sorgen Sie dafür, dass der imaginierte Gesamteindruck zuversichtlich, aufgerichtet und stolz ist.
Versuchen Sie, sich in die Haltung und die Körperspannung nun genau hineinzudenken und spüren Sie, wie sich das anfühlt. Nehmen Sie sich Zeit.
Wo genau in Ihrem Körper spüren Sie *was*? Verweilen Sie einen Moment und bleiben Sie in der Wahrnehmung des Erlebten. Atmen Sie ruhig und nehmen Sie die unterschiedlichen Aspekte des Erlebens bewusst wahr.
Stellen Sie sich darauf ein, die vorgestellten Körperhaltungen jetzt körperlich umzusetzen. Fühlen Sie die Unterschiede. Halten Sie sich nicht zurück, sondern ermutigen Sie sich, mit Übertreibung zu üben. Achten Sie darauf, welche Impulse Ihr Körper Ihnen sendet. Verweilen Sie jeweils in

der ausgeführten Köperhaltung und nehmen Sie wahr, was Körper und Geist erleben.
Stehen Sie am Ende der Übung aufrecht und schließen Sie für einen Moment die Augen. Nehmen Sie einige tiefe Atemzüge, wobei Sie die Ausatmung tendenziell verlängern.
Formulieren Sie für sich, mit einem leichten Lächeln und der damit verbundenen freundlichen, annehmenden Haltung, den Satz „Ja, ja – ich und die Scham.“, ohne ein Problem daraus zu machen. Wenn Sie möchten, wiederholen Sie dies noch einige Male, bevor Sie die Übung beenden.

Der Held Ihres Alltags

Ziehen Sie sich an einen ruhigen Ort zurück und nehmen Sie sich Zeit, über die folgenden Fragen nachzudenken.

Gibt es einen Menschen, den Sie sehr schätzen oder der schon einmal mit guten Ratschlägen in belastenden Situationen hilfreich war? Dies kann sowohl in der Wirklichkeit gewesen sein als auch in der Fantasie. Etwa eine beste Freundin oder Freund, bester Kumpel, Onkel oder Tante, Schwester oder Bruder, aber auch ein Schauspieler in einer bestimmten Rolle oder eine Romanfigur. Wichtig dabei ist, dass er oder sie mit beiden Beinen im Leben steht und sich selbst in kritischen Situationen im Griff hat.
Dieser Mensch könnte Ihr „Held des Alltags“ sein und damit jemand, an den Sie in schwierigen Situationen denken können. Sie würden sich fragen: „Was würde er jetzt tun?“ oder „Was oder wie würde er oder sie in dieser Situation empfinden?“ oder „Was würde er oder sie jetzt in dieser

Situation sagen oder tun?". Helden des Alltags haben es nicht immer leicht. Auch sie sind gestresst, belastet, müssen sich mit Problemen auseinandersetzen oder umgehen. Aber sie haben einige Tricks auf Lager und Fertigkeiten entwickelt, haben sich eine bestimmte Sorte Humor oder Schlagfertigkeit bewahrt, um auch unter schwierigen Bedingungen die Ruhe zu bewahren. Vielleicht gibt oder gab es Menschen in Ihrem Leben, die so eine „Heldenfunktion" für Sie innehaben. Versuchen Sie, in Ihrer Erinnerung so genau wie möglich nach Helden zu suchen. Möglich ist, dass mehrere Personen Teilbereiche einer sognannten „Heldenfigur" darstellen. Für Sie ist von Bedeutung, dass Ihr Held kritische Momente und Situationen wirklich „absichern" kann.
Sie sollten Ihren Helden „bereithalten", um ihn „griffbereit" zu haben.
Bleiben Sie für eine Weile in der Übung und lassen Sie Ihre Gedanken umherschweifen, bis Sie einen zuverlässigen Helden gefunden haben. Es ist durchaus hilfreich, sein Herz zu befragen.

Wenn Sie sich das nächste Mal unwohl fühlen, unentschieden oder in Begriff sind, Schwieriges zu vermeiden, ziehen Sie sich, bevor Sie handeln, für einen Moment zurück und befragen Sie Ihren inneren Helden. Finden Sie heraus, was dieser Ihnen vielleicht empfehlen würde oder in der schwierigen Situation täte. Erst dann widmen Sie sich der anstehenden Problematik oder Entscheidung.
Das schafft ein Zeitfenster, um sich zu distanzieren. Was unkontrolliert abläuft, bekommt man so ein bisschen besser in den Griff. Manchmal ist es auch der individuell richtige Weg, sich von der Meinung oder dem Rat des Helden abzugrenzen. Experimentieren Sie und sammeln Sie Ihre Erfahrungen damit.

Scham ist ein Gefühl von Angst. Wer sich schämt, hat Angst, dass das eigene Ansehen leidet. Man befürchtet, dass man sich falsch verhalten hat oder ungenügend erscheint. Das Gegenteil zu diesem Gefühl ist „Stolz“, also das positive Gefühl von Stärke, das man empfindet, wenn man sich richtig – produktiv, nützlich, mutig – verhalten hat.
Zu beiden Gefühlen gehört eine Leistung. Zur Scham eine gefühlte Fehlleistung, zum Stolz eine gefühlte gute Leistung.

Stolz

Spüren Sie in sich hinein, was in Ihrem Inneren zu dem Gefühl Stolz auftaucht. Verfahren Sie, wie unter ▶ Kapitel „Einstiegsübung zu Gefühlen“ beschrieben.

Ebenso wie bei Ärger, Angst, Traurigkeit, Ekel und Freude handelt es sich bei Stolz um eine elementare Emotion. Die Forschung zeigt, dass Stolz ein angeborenes Gefühl ist, das dennoch stark kulturell geprägt ist. Diese Gemütsbewegung wird durch eindeutige, in allen menschlichen Kulturen gleichartige Gesten und Gebärden ausgedrückt und daher weltweit wiedererkannt. Dazu gehören eine aufrechte Körperhaltung und ein leicht zurückgelegter Kopf, die Arme sind vom Körper gestreckt. Die Geste, jemandem auf die Schulter zu klopfen, um zu signalisieren: „Das hast du gut gemacht“, wird weltweit nonverbal so verwendet.
Jeder Kulturkreis kennt das Gefühl von Stolz. Gerade im Sport genießen ganze Nationen den Stolz eines Sieges. Man betrachte nur das eigene Land in Verbindung mit der Fußball-WM 2014, wo auch Nicht-Fußballfans stolz waren. Stolz ist ein kollektives Phänomen, welches den Zusammenhalt und das positive Selbstbild einer ganzen Nation stärkt. Diese Form der Bejahung der eigenen Person, der eigenen Gruppe, des eigenen Landes und so weiter ist zuträglich für ein gesundes Selbstbewusstsein und Selbstvertrauen. Wenn dadurch Selbstüberhöhung und/oder Abwertung anderer folgen, können National- und Gruppenstolz eher gefährlich wie eine Droge werden.
Stolz ist abhängig von einem Gegenüber, sodass er sich besser entfalten kann. Wenn ich außerhalb meiner Person Anerkennung für Getanes erhalte, potenziert sich das empfundene Gefühl von Stolz deutlich. Das Kind, das zum ersten Mal seine Schuhe binden kann; der Schüler, der lange gelernt und endlich die schwierige Prüfung bestanden hat

– stolz auf sich sind Menschen, die etwas erreicht haben, die einen besonderen Erfolg vorweisen können.
Trotzdem ist die Fähigkeit, Stolz für andere Menschen zu empfinden, verbreiteter. Denn schwieriger wird es, wenn es um uns selbst geht.
Ist es legitim, Stolz zu empfinden? In unserem Kulturkreis haben wir ein ambivalentes Verhältnis zum Stolz. Die Suche nach legitimem Stolz ist schwer. Die Fähigkeit, Stolz zu empfinden, wird bereits in der Kindheit erheblich durch das gesamte soziale Umfeld geprägt.
Stolz ist also ein starkes Gefühl? Das lernen einige Kinder anders. Lieber bescheiden sein, ist häufig das Motto. „Nimm dich nicht so wichtig, gib doch nicht so an!" Stolz sein gilt nicht als vorbildlich, eher als Hindernis für das Zusammenleben und die gegenseitige Achtung. Menschen, die Stolz zeigen, gelten oft, je nach Ausmaß, als überheblich.
Wenn man stolz ist, sind die Chancen, Neid auf sich zu ziehen, ziemlich hoch. Je nachdem, wie arrogant und versnobt man dabei auftritt, kennen Australier dafür sogar einen eigenen Begriff, das „Tall poppy"-Syndrom: für extrem erfolgreiche und gleichzeitig überhebliche Leute.
Aber ein gewisser Stolz ist für die eigene Identität und Lebensqualität schlicht lebensnotwendig, auch wenn uns das oft nicht bewusst ist. Deshalb ist es wichtig, durch Achtsamkeit mehr oder wieder in Kontakt zu kommen mit diesem Gefühl, sich selbst zu sensibilisieren, *wann* es auftritt und *wo* es wahrzunehmen ist. Sie sollten Stolz nicht unterdrücken, sondern sich auf die Suche danach begeben, um diesem Gefühl Raum zu geben.

Werden Sie stolzer!
Erinnern Sie sich an Situationen aus der eigenen Lebensgeschichte, die Sie mit – wenigstens etwas – Stolz erfüllt haben. Halten Sie nicht nach Großartigem Aus-

schau, sondern nehmen Sie auch die kleinen Situationen wahr, zum Beispiel im Rahmen einer Achtsamkeitsübung. Verschließen Sie sich gegenwärtig diesem Gefühl nicht und üben Sie, es zu fühlen.

Der erste Teil der Übung ist, sich innerlich selbst leicht auf die Schulter zu klopfen und zu sagen: „Das hast du gut hingekriegt.“ Vorsicht mit den „Aber-Sätzen“: „Das hab ich gut gemacht, aber …“. Wenn Sie hierzu neigen, können Sie zusätzlich üben, nach „gut gemacht“ aufzuhören. Verzichten Sie freundlich lächelnd und bewusst auf den Aber-Satz. Das ist häufig nicht ganz leicht, aber Übung macht den Meister.

Wenn Sie das nächste Mal einen Anflug von Stolz empfinden, machen Sie ihn nicht gleich zunichte, sondern hegen Sie ihn wie ein kleines Pflänzchen. Geben Sie ihm Wasser, Licht und gute Erde, denn nur so kann ein Pflänzchen wachsen. Auch Pflanzen haben ihren eigenen Rhythmus, wollen nicht überdüngt werden, brauchen nicht nur Licht, sondern auch Schatten. Beständige Zuwendung ist schon hilfreich für gutes Gedeihen.

Ein weiteres Problem bei dem Zulassen oder Entstehen von Stolz ist eine getrübte Wahrnehmung. Die Frage ist, wohin wir den Fokus unserer Aufmerksamkeit lenken.

Wohin der Blick gerichtet ist, die Geschichte mit der Mauer

In der folgenden Geschichte geht es um einen Mönch, der mit seinen Glaubensbrüdern ein Kloster bauen sollte. Doch die Mönche waren sehr arm und konnten sich keine Handwerker leisten. Also hatte jeder Mönch die Aufgabe, eine Mauer zu bauen. Da sie alle recht unerfahren im Handwerk waren, halfen sie sich gegenseitig und jeder gab sein

Bestes. Es dauerte eine ganze Weile, bis sie jeweils mit ihren Mauern fertig waren und das Kloster errichtet war. Besagter Mönch lehnte sich nach getaner Arbeit erschöpft zurück, um sich auszuruhen und sein vollbrachtes Werk zu betrachten.
Mit Entsetzten entdeckte er aus der Ferne zwei Steine, die nicht ganz korrekt eingemauert waren. Er wollte die Mauer am liebsten wieder einreißen und erneut aufbauen. So etwas konnte er seinen Mitbrüdern und auch den Besuchern des Klosters nicht zumuten. Aber die Eröffnung des Klosters war geplant. Jeder Mönch hatte die Aufgabe, die Besucher herumzuführen, um das neue Kloster zu zeigen. Besagter Mönch versuchte bei jeder Gelegenheit, die Besucher von seiner fehlerhaften Mauer fernzuhalten. Das strengte ihn sehr an und gelang auch nicht immer. Einmal sagte ein Besucher: „Oh, das ist aber auch eine sehr gut gelungene Mauer!“, woraufhin der Mönch aufgeregt antwortete: „Was heißt hier gelungen? Sehen Sie denn nicht die zwei völlig falsch sitzenden Steine? Das ist alles andere als gelungen!“ Der Besucher lächelte und sagte: „Natürlich sehe ich die, aber ich sehe auch die anderen 998 gut sitzenden Steine!“

Beobachten Sie Ihre auftauchenden Gedanken und Gefühle. Was genau beschäftigt Sie, nachdem Sie diese Geschichte gehört oder gelesen haben?
Atmen Sie ruhig und nehmen Sie alles zu Kenntnis.
Lächeln Sie freundlich, während Sie sich diesem Thema öffnen.
Wie viel Energie fließt in Ihrem Leben in das Wegwünschen oder Verdecken von unliebsamen Dingen? Wie oft kommt es vor, dass Sie den Blick ausschließlich auf das, was nicht gut ist oder nicht gut läuft, richten?
Atmen Sie zum Schluss der Übung noch einige Male tief ein und verlängern Sie die Ausatmung. Konzentrieren Sie sich

auf die Geräusche Ihrer Umgebung, um sich an dem Ort zu orientieren, an welchem Sie sich gerade befinden.
Diese Geschichte ist eine wunderbare Basis für kunsttherapeutisches Arbeiten.

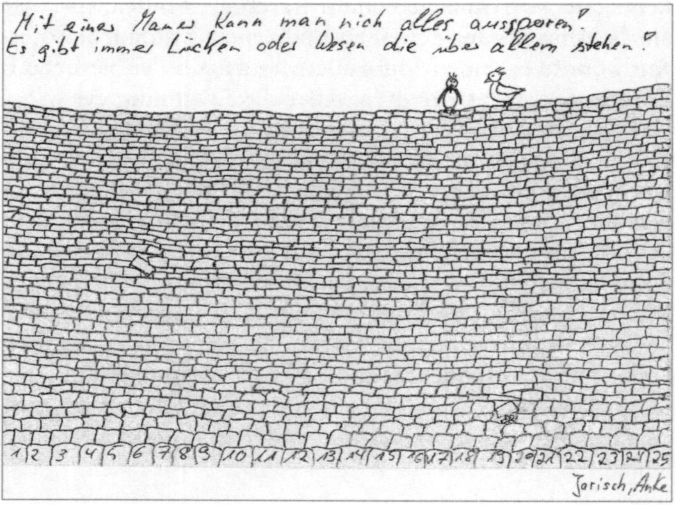

Abschließende Bemerkung zum Umgang mit Gefühlen

Wenn zukünftig in Ihrem Alltag ein schwieriges Gefühl auftritt, halten Sie einen Moment inne. Bemerken und analysieren Sie, wie Ihre gewohnheitsmäßige Tendenz ist, auf dieses Gefühl zu reagieren, zum Beispiel bewerten, verdrängen, ablenken, dramatisieren, bagatellisieren, Selbstmitleid, Widerstand, sich oder den anderen die Schuld geben oder anderes. Nehmen Sie das einfach nur wahr, ohne es zu bewerten. Betrachten Sie es neugierig als eine Chance, sich besser kennenzulernen. Versuchen Sie, im Anschluss mit dem Gefühl so umzugehen, wie es in den Übungen zu den jeweiligen Emotionen beschrieben ist. Ebenso hilfreich sind die ► Teemeditation (► Kap. „Abwarten und Tee trinken“) oder die Verbundenheitsübungen (► Kap. „Verbundenheitsübung“). Wichtig ist, sich in seinem gegenwärtigen Erleben aufmerksam zu beobachten, was sich eventuell verändert hat. Überprüfen Sie, ob Ihre Befürchtungen, den Gefühlen einmal anders zu begegnen, eingetreten sind. Hat die „Entscheidung für einen neuen Weg“ es Ihnen ermöglicht, experimentell Ihren Gefühlen auf eine hilfreichere Art und Weise Ausdruck zu verleihen? Wie weit ist Achtsamkeit zuträglich für Ihr Lebensgefühl und die gesamte Lebenshaltung?

Zwischenmenschliche Fertigkeiten und Selbstwert

Vom Umgang mit dem Selbst

Orientierung auf die Selbstachtung

Seien Sie so fair zu sich selbst wie zu anderen Menschen. Rechtfertigen Sie sich nicht so häufig, sondern üben Sie, es sein zu lassen. Entschuldigen Sie sich nicht für Kleinigkeiten. Sie benötigen keine Rechtfertigung dafür, dass Sie um etwas bitten oder dass Sie eine eigene Meinung haben. Sowohl Sie als auch Ihr Gegenüber müssen lernen, Ihre Entscheidungen zu akzeptieren, auch wenn das bisher nicht der Fall war. Opfern Sie nicht Ihre Wertvorstellungen, um ein Ziel zu erreichen oder eine Beziehung zu retten.
An dieser Stelle sei noch einmal auf das Gedicht „Jeder Weg ist nur ein Weg“ von Carlos Castaneda im ▸Kapitel „Entscheidung für einen neuen Weg“ hingewiesen. Bleiben Sie bei der Realität. Vermeiden Sie zu lügen, was wahrscheinlich nicht immer klappt. Vermeiden Sie, sich hilflos zu geben, wenn Sie es nicht sind. Vermeiden Sie zu übertreiben. In jeder zwischenmenschlichen Situation, in der Sie etwas erreichen wollen, kommen verschiedene Bedürfnisse zum Tragen:

- der Wunsch, ein Ziel zu erreichen,
- der Wunsch, eine gute Beziehung zum jeweiligen Gegenüber zu haben,
- der Wunsch, sich selbst dabei wohlzufühlen (Selbstachtung).

Gehen Sie davon aus, dass es leider kaum Situationen gibt, in welchen Sie alle drei Bedürfnisse vollständig befriedigen können. Legen Sie fest, welches Bedürfnis Ihnen in der jeweiligen Situation am wichtigsten ist. Das heißt, Sie müssen lernen, Prioritäten zu setzen. Das fällt natürlich schwer, denn am liebsten möchte man, gerade in zwischenmenschlichen Situationen, alle Bedürfnisse befriedigen und keine Abstriche machen. Dennoch ist es hilfreich, die Realität zu akzeptieren.

Auseinandersetzung zum Thema Selbstachtung

Nehmen Sie sich einige Minuten Zeit und denken Sie darüber nach, was Ihnen wirklich wichtig ist. Was genau sind Ihre Werte? Achten Sie mehr auf das Ziel, die Beziehung oder auf die eigene Selbstachtung.
Sicherlich wechselt das immer hin und her. Manches taucht im Innern immer wieder auf. Schauen Sie genau hin, worum es sich bei Ihnen handelt. Versuchen Sie, ruhig eine Weile in dieser Auseinandersetzung zu bleiben. Nehmen Sie auftauchende Gedanken wahr und sich zu Herzen. Fragen Sie sich, wie das Gegenteil des Gedachten ausfallen würde. Was genau tut sich in Ihrem Inneren auf? Lassen Sie sich darauf ein, was Ihnen nun begegnet. Versuchen Sie, die Absicht zu entwickeln, zukünftig beim Thema Selbstachtung sich selbst wohlwollend zu unterstützen.

Grundannahmen und Glaubenssätze

Menschen verfügen über grundsätzliche Einstellungen zu sich und der Welt: „Ich komme gut in der Welt zurecht." oder „Ich bin es wert, gemocht zu werden." und so weiter. Dies nennt man Grundannahmen. Den meisten Menschen sind diese Grundannahmen jedoch nicht bewusst. Sie zeigen sich aber in sogenannten „Glaubenssätzen". Diese wiederum sind automatische Handlungsanweisungen, die unseren Alltag und unsere Beziehung bestimmen: „Wenn Sie sich anstrengen, können Sie auch Leistung bringen." „Wenn jemand freundlich zu Ihnen ist, versuchen Sie, ihm zu vertrauen" und so weiter. Viele Menschen schlagen sich jedoch mit Glaubenssätzen herum, die aus ihren frühen Kindheitserfahrungen stammen, aber heute nicht mehr sinnvoll sind: „Ich bin es nicht wert, gemocht zu werden." „Ich bin einfach zu blöd." „Ich habe es gar nicht verdient

zu leben." „Andere sind gute Menschen, ich bin schon im Kern schlecht."
Diese Grundannahmen sind wie ein Virus im Computer: Wir sehen ihn gar nicht, aber wir merken, dass etwas schief läuft. Warum ist man nicht in der Lage, diese schwierigen und problematischen Glaubenssätze und Grundannahmen einfach aufzugeben? Sie bereiten einem doch ganz erhebliche Probleme! Bekanntes schafft Sicherheit, das Neue bereitet Angst. Wenn wir uns entsprechend der Grundannahmen verhalten, fühlen wir uns sicher, auch wenn wir uns dabei oft schaden.
Dennoch zahlt es sich aus, an seinen Grundannahmen und Glaubenssätzen zu arbeiten. Das heißt überprüfen, ob sie heute noch zutreffend und sinnvoll sind. Die Welt hat sich verändert. Sie sind kein Kind mehr, Sie können Ihre Umgebung steuern, Sie können Ihre Partner und Freunde selbst bestimmen, Sie können schädliche Zustände und Beziehungen verlassen und sich selbst günstige Bedingungen schaffen.
Der beste Ansatz zur Veränderung von Grundannahmen und Glaubenssätzen ist zunächst, diese zu identifizieren und zu benennen. Im zweiten Schritt sollten Sie nach alternativen Gesichtspunkten suchen. Im dritten Schritt können Sie abwägen, welche Sichtweise passender ist und diese neue Sichtweise testen. Aber wenn Sie nichts riskieren, bleibt alles beim Alten.

In der Kunsttherapie kommt es häufig vor, dass Menschen glauben, sich gestalterisch nicht ausdrücken zu können. Sie machen sich diesbezüglich vielerlei Gedanken, die sie daran hindern zu zeichnen, zu skizzieren oder zu formen (Gedankenbeispiele: „Ich bin nicht gut genug, die anderen können's besser." „Ich konnte in der Schule schon nicht malen und hatte schlechte Noten." „Mir fällt mal wieder nichts ein, an mir ist das Kunstgen völlig vorbei gegangen." – Diesen Gedanken fand ich besonders originell).

Ich lasse Gedanken zu Grundannahmen und Glaubenssätzen aufschreiben und sammele diese. Wenn neue Patienten in die Kunsttherapie kommen und von negativen Grundannahmen geplagt sind, lege ich die gesammelten Gedankenzettel auf den Tisch und frage, ob etwas Bekanntes oder Passendes dabei ist. Meist finden sich neue Gruppenteilnehmer gleich auf mehreren Zetteln wieder. Sie erleben ein Gefühl der kollektiven Entlastung, da derart hinderliche Gedanken Allgemeingut zu sein scheinen. Dann kommt der besondere Moment: Die ausgewählten Gedanken liegen in Sichtweite vor den Teilnehmern. Jenseits davon heißt es, trotz der meist im tiefsten Inneren eingebrannten Gedanken, gegenwärtig ins Handeln zu kommen. In diesem Fall im Rahmen der Kunsttherapie: Malen und/oder Gestalten. Dabei zeigt sich, dass jeder in der Lage ist, sich auszudrücken, einen Pinsel zu halten oder ein Stück Ton zu formen. Und obwohl er dachte, dazu nicht fähig zu sein, wird er in dem Moment des Tuns etwas erleben. Er wird etwas über sich lernen, was er ohne diesen Schritt der Überwindung vielleicht nicht erlebt hätte. Oft sind das sehr bewegende innere Erfahrungen. Etwas *tun* bedeutet also, gegenwärtig etwas erleben können.

Grundannahmen und Alternativsätze

Versuchen Sie, sich an die Grundannahmen und Glaubenssätze, die Sie sich im Laufe der Zeit „zugelegt" haben, zu erinnern. Halten Sie sehr genau danach Ausschau und sehen Sie in verschieden Lebensbereichen nach. Formulieren Sie zu jeder entdeckten Grundannahme innerlich das Gegenteil, überlegen Sie sich also einen konträren Alternativsatz.

Schreiben Sie die Alternativsätze auf. Manchmal ist es hilfreich, diese bei sich zu haben, um dann, wenn Sie sich das nächste Mal in Grundannahmen verstricken, darauf zu schauen und das Gedachte eventuell zu entschärfen oder nur zu überprüfen, wie weit Sie Ihren Grundannahmen trauen oder welche Macht Sie Ihnen gegenwärtig zugestehen wollen.

„Entscheidung für einen neuen Weg“ – Wenn Sie unsicher sind, Fantasie oder Hilfe brauchen, sprechen Sie ruhig Freunde oder Therapeuten an. Manchmal, wenn sich die Dinge sehr in unser Gehirn „eingebrannt“ haben, kommen wir nicht von allein auf neue Lösungen. Dann brauchen wir Impulse von außen. Gehen Sie davon aus, dass Grundannahmen kein individuelles Phänomen sind. Alle Menschen leben – mehr oder weniger bewusst – nach Grundannahmen, die nicht selten eine Eigendynamik mit entsprechenden Folgen entwickeln.

Beispiel einer Grundannahme: „Ich werde nur geliebt, wenn ich perfekt bin.“

Mögliche Alternativsätze:

- „Auch wenn ich nicht perfekt bin, bin ich ein liebenswerter Mensch.“
- „Gerade die nicht perfekten Menschen sind liebenswert.“
- „Ich habe gelernt, dass mich auch Fehler liebenswert machen.“
- „Perfekt bedeutet für jeden etwas anderes.“
- „Es gibt Menschen, die auch meine schwierigen Seiten kennen und mich trotzdem mögen.“

Experimentieren Sie mit den Grundannahmen, die zur eigenen Person auftauchen. Seien Sie neugierig und freuen Sie sich, wenn Sie fündig werden. Nur so können Sie etwas

bewegen. Es ist kein Fehler, welche zu haben, es ist manchmal nur hinderlich, danach zu handeln.
Im Rahmen der Kunsttherapie kann versucht werden, zu den Alternativsätzen quasi ein passendes Gegenbild zu malen. Es darf ruhig übertrieben werden.

Fairer Blick

„Der Frosch, der im Brunnen lebt, beurteilt das Ausmaß des Himmels nach dem Brunnenrand."

Mongolische Weisheit

Bei dem Thema „fairer Blick" geht es nicht darum, von sich selbst ein glänzendes, völlig positives Bild zu bekommen. Es geht eher darum, eine Art Waffenstillstand mit sich zu schließen und ab und zu, gerne dann immer häufiger, das Positive an der eigenen Person zu sehen und nicht immer nur das Negative. Unser Selbstwertgefühl setzt sich zusammen aus allen Urteilen, die man über sich selbst bildet. Um unseren Selbstwert zu stärken, ist es sinnvoll, ab und an positive Urteile über sich selbst zu bilden. Dazu benötigt man einen fairen Blick.
Überlegen Sie, wie Sie sich selbst beurteilen und welchen Maßstab Sie anlegen, wenn Sie andere beurteilen. Meist ist man mit anderen „gnädig", aber hat an sich sehr hohe Maßstäbe angelegt und sich selbst sehr hart beurteilt. Um einen fairen Blick auf sich selbst zu bekommen, ist es wichtig, die Maßstäbe nicht überzubewerten. Die „Entscheidung für einen neuen Weg" bedeutet auch, die Bereitschaft zu entwickeln, sich selbst mit fairem Blick zu betrachten.
Um allen Anteilen in uns gerecht zu werden, sollten wir nicht immer nur dahin schauen, wo wir unserer Meinung nach nicht in Ordnung sind. Sicherlich hat jeder Mensch

Verhaltensweisen, die ihn daran hindern, ein zufriedenes Leben zu führen. Aber die vielen Dinge, die wir in unserem Leben gut gemacht haben, werden nicht gesehen, sie kommen einfach zu kurz.

Nehmen Sie sich ein wenig Zeit, um mit Ihrem inneren Kritiker in Kontakt zu kommen. Bitten Sie ihn, für den Moment zu schweigen, auch wenn es schwerfällt. Versuchen Sie einfach, alle Bewertungen für diesen Moment ruhen zu lassen. Konzentrieren Sie sich auf das, was Ihnen möglich ist und kümmern Sie sich nicht um Bewertungen wie „falsch“ oder „richtig“ oder „man sollte doch“ oder „man sollte nicht“.
Sehen Sie darauf, was Sie in Ihrem Leben schon gemeistert haben. Ich denke, da gibt es eine ganze Menge. Sie sind jeden Tag aufgestanden und haben Ihre Pflichten erfüllt. Sie sind in den Kindergarten gegangen, in die Schule, vielleicht nicht immer gern, aber Sie sind gegangen. Sie haben Pflichten im Haushalt übernommen, Ihren Freunden gegenüber. Sie haben Ihre Arbeit bewältigt und Herausforderungen angenommen. Sie haben Dinge gut gemacht, auch wenn Sie das im Moment nicht so sehen. Sie haben Kompetenz bewiesen, auch wenn Sie diese Kompetenz im Moment nicht fühlen. Aber Sie sind da, Sie hören zu oder lesen dieses Buch. Sie kümmern sich also um sich selbst.
Vergessen Sie Rache, sinnlosen Ärger und übertriebenen Gerechtigkeitssinn, das hält Sie nur von Ihren Zielen ab. Ein fairer Blick heißt: vorhandene Kompetenz spüren, um Hindernisse aus dem Weg zu räumen. Fair zu sich sein heißt, nicht alles allein bewältigen, sondern in bestimmten Situationen Hilfe annehmen. Das ist keine Einschränkung der eigenen Kompetenz, sondern eine Erweiterung. Wenn ich mich oder was ich geleistet habe mit fairem Blick betrachte, könnte es nötig sein, den bisherigen Blick zu erweitern, also den Fokus neu auszurichten.

Lesen Sie noch einmal *Wohin der Blick gerichtet ist, die Geschichte mit der Mauer* aus dem ►Kapitel „Stolz“, eine geniale Geschichte, welche schon vielen Menschen eine Art Spiegel vorgehalten hat.

Schalen und Hüllen

Konzentrieren Sie sich auf das Bild von bemalten russischen Steckpuppen (Matroschkas). Zuerst wird die kleinste Puppe geschnitzt, die manchmal winziger als ein Fingernagel ist. Die nächste Figur wird an diese so angepasst, dass sie die Hülle für die kleinere Puppe wird. So geht die Arbeit weiter, bis nach und nach ein kompletter Satz von ineinander steckbaren Puppen entsteht. Von außen betrachtet wirken sie kompakt, wie eine einzige Puppe. Aber uns ist allen bekannt, dass man sich dem inneren Kern und letztlich dem Inhalt nähern kann, wenn man Schritt für Schritt die äußeren Schalen oder Hüllen öffnet und abnimmt. Manchmal braucht man Hilfe von außen, um die äußeren Schalen entfernen zu können.
Diese Sichtweise bezüglich der Schalen und Hüllen kann auf die eigene Schutzhülle angewandt werden. Eine Schutzhülle ist manchmal wichtig, verhindert eventuell aber, dass man sich dem Gegenüber öffnen kann.
Wie ist Ihre eigene Haltung zu den Schichten Ihrer „Schutzhülle“? Manchmal geht die Energie dahin, alles zusammenzuhalten und zu verdichten, manchmal gibt es das Bedürfnis, sie zu sprengen, da sie wie ein eigenes Gefängnis anmuten.
Stellen Sie sich vor Ihrem inneren Auge vor, wie sich die äußeren Schalen Ihrer Schutzhülle langsam lösen und der Kern sich zeigt. Experimentieren Sie mit dieser Vorstellung. Tun Sie dies freundlich und in aller Ruhe. Lassen Sie sich von diesem Bild, dieser Vorstellung berühren. Wenn Sie im

Anschluss Gelegenheit zum Gestalten haben, nutzen Sie diese, um dem Erlebten Ausdruck zu geben. Vielleicht möchten Sie dem Verschlossenen als auch dem Sich-Öffnenden Raum geben. Spüren Sie nach, was Sie vorfinden.

Der Schlüssel

„Jahrelang habe ich den Schlüssel gesucht, aber die Tür war nie verschlossen."

(Kabir, 1440–1518)

Gefängnisse gibt es viele auf der Welt, sie müssen nicht immer aus Mauern und verschlossenen Türen bestehen. Für die wirkungsvollsten Gefängnisse braucht es diesen Aufwand nicht. Wir errichten sie selbst mit unserem Gedankengebäude und schließen uns darin ein. Obwohl die Grundlagen für diese Art von Gefängnissen in frühester Jugend oder sogar vor unserer Geburt entstanden sind, stellen wir diese Gedankengefängnisse kaum in Frage. Moralvorschriften, Verhaltensanleitungen, Belohnungen und Bestrafungen werden uns auferlegt und wir halten sie für unveränderbar, wie ein Gefängnis aus Stein. Die meisten Menschen meditieren, um zu entspannen oder um Stress zu verringern. Achtsamkeitsmeditation zielt ebenso darauf ab, unabhängiger zu werden.

Viele Menschen befinden sich ständig auf der Suche nach dem Schlüssel, der ihnen Freiheit bringen soll. Sie reisen in verschiedene Klöster. Sie sind immer auf der Suche nach neuen Entspannungsmethoden und Lehren. Sie hasten umher und suchen außerhalb ihrer Person nach dem Schlüssel, der ihnen die Freiheit bringen soll. Sie übersehen aber, dass sie sich selbst eingeschlossen haben. Der Grundsatz „viel wirkt viel" wird zur Lebensmaxime. Sie vergessen ebenso, dass sie wohin sie auch gehen, sich immer selbst dabei haben.

Es ist nichts dagegen einzuwenden, dass der Mensch sich auf den Weg, beziehungsweise die Suche, macht. Aber die Reise ins Innere Land, in uns selbst, kann immer nur da stattfinden, wo wir schon sind. Es besteht die Gefahr, dass wir uns auf dieser Reise verlieren, verirren und manchmal wieder neu suchen müssen, aber der gegenwärtige Moment sagt uns immer, wo wir jetzt sind. Die Konzentration auf das *Jetzt* konfrontiert uns immer wieder mit der Freiheit des gegenwärtigen Momentes.

Nicht da suchen, wo es hell ist

Vor Jahren besuchte ich einen Meditationskurs. Der Kursleiter erzählte eine alte Sufi-Geschichte, die ungefähr so ging:
Ein Mann hatte auf einer dunklen Straßenseite seinen Schlüssel verloren. Nach einer geraumen Zeit des Suchens ging er weiter zu einer Straßenlaterne und suchte dort weiter. Ein Freund, der dies sah, fragte ihn, was er denn da mache. Der Mann erklärte ihm, dass er einen Schlüssel verloren hätte. Wo er denn den Schlüssel verloren habe, fragte der Freund. Der Mann deutete auf den dunklen Teil der Straße. Als ihn der Freund daraufhin fragte, warum er dann unter der Laterne suche, meinte der Mann: „Weil es da heller ist."
So ähnlich ergeht es uns Menschen ohne Achtsamkeit. Wir suchen da, wo wir glauben, dass es hell ist, mit altbewährten Strategien, Nachdenken, Planen, Grübeln. Wir analysieren die Situationen, die in unser Dilemma geführt haben und geben uns selbst die Antworten.
Alles spielt sich in unserem Kopf ab. Wir hoffen, eine Veränderung durch Nachdenken zu erreichen. Das hat uns zwar schon tausende Male in eine Sackgasse geführt, aber wir können nicht davon lassen. Es ist wie eine Sucht. In der Meditation lernt man, dass neue Erfahrungen Veränderungen bringen können. Dazu bedarf es eines Blickes in die Dunkelheit, in uns selbst. Bei vielen Entscheidungen übergehen wir etwas, was Marsha Linehan „*Wise Mind*" nennt und das mit den deutschen Übersetzungen „Bauchgefühl", „weiser Geist", „kluger Verstand", „Intuition" sehr ungenügend beschrieben wird. Es ist etwas, das mehr als die Summe unserer Körperteile und unseres Verstandes ist. Es ist mehr, als was wir zu sein glauben, es ist allumfassend und geht über uns hinaus.
Manchmal bemerken wir dieses Gefühl, wenn wir Entscheidungen treffen, aber etwas in uns dagegen „spricht".

Mit dem Kopf, unserem Verstand haben wir uns entschieden, aber wenn wir tief in uns hineinhören, merken wir, dass die Entscheidung sich nicht gut „anfühlt". Meist registriert man dieses Unwohlsein nicht oder nur am Rande und übergeht es. Erneut möchte ich Sie an das Gedicht „Jeder Weg ist nur ein Weg" im ▸Kapitel „Entscheidung für einen neuen Weg" erinnern.

Achtsamkeit wird sich einstellen

Achtsamkeit bedeutet gegenwärtig zu sein, im Hier und Jetzt. In unserem Hier- und Jetztsein schauen wir auch auf kleine, unbedeutende Dinge. Wobei sie genauer betrachtet so unbedeutend gar nicht sind, ganz im Gegenteil. Wenn wir unsere fünf Sinne neu belebt haben, also unser Sehen, Hören, Riechen, Schmecken, Fühlen wieder in unser Alltagsleben integrieren, bekommen wir die Chance, uns selbst neu zu entdecken. Im Normalfall gehen wir nicht gerade zimperlich mit unserem Körper um. Wir tun oft Dinge, die uns nicht gut tun. Damit ist nicht nur zu viel essen, nicht gesund essen, zu wenig Bewegung, zu viel Alkohol und zu viel Nikotin gemeint. Wir rennen einfach durch das Leben, ohne innezuhalten, ohne wirklich im gegenwärtigen Moment zu sein. Wir nehmen Bedürfnisse nach Ruhe und Geborgensein gar nicht mehr wahr. Wie die Schlittenhunde, denen man ein Fleischstück vor die Nase hält, laufen wir und laufen und das Leben läuft an uns vorbei.
In der Meditation hat alles wieder seinen Platz. Wenn wir nach wenigen Minuten zur Ruhe gekommen sind, registrieren wir die auftauchenden Gedanken und Gefühle. Wir nehmen sie zur Kenntnis und lassen sie dann ohne Bewertung weiterziehen. Nach einiger Zeit werden sich körperliche „Beschwerden" melden, der Rücken schmerzt vielleicht, die Beine oder Hände möchten die Lage verändern,

wir werden eventuell Durst oder Hunger bekommen, Müdigkeit oder Trägheit stellen sich ein oder die Zweifel, ob Meditation überhaupt das Richtige ist, beginnen an uns zu nagen.
Die oben genannten Dinge sind Hindernisse, die uns vom gegenwärtigen Moment ablenken. Sie sind in unserem Leben immer da. In der Meditation geht es darum, dies zu erkennen und sich immer wieder zu bemühen. Veränderungen benötigen einfach Zeit und wir brauchen ein gewisses Verständnis für uns selbst und die Zusammenhänge. Dieses langsame Verständnis der Beziehung zwischen Gedanken und Gefühlen, zwischen Geist und Körper und den physischen Reaktionen darauf, ist von großer Wichtigkeit für unsere weitere Entwicklung. Aber diesen Weg gehen alle, die eine „Entscheidung für einen neuen Weg" getroffen haben. Mit der Zeit bemerken wir dann, dass eine Veränderung eintritt. Wir registrieren schneller unsere Ablenkungen, wir kommen schneller zum gegenwärtigen Moment zurück, wir konzentrieren uns schneller wieder auf den Atem.
Das Wichtigste dabei ist die Entdeckung des Mitgefühls für uns und für andere. Es ist ein Geschenk, das wir uns selbst machen. Wenn wir diese ganzen Schwierigkeiten überwunden haben, die jeder Anfänger hat, weitet sich unser Fokus nach innen aus. Wir entdecken plötzlich den Menschen in uns, den wir schon sehr lange von einer anderen Perspektive aus zu kennen glaubten. Alles Buch- und intellektuelle Wissen, alle Bildung nützt uns auf diesem Weg nichts.
Die Veränderung, die man in der Meditation erfährt, hat mit Bildung nichts zu tun, sondern mit Verstehen, Erfahren und Aufgeschlossenheit.

Festhalten und Loslassen

Anmerkung

Im Rahmen der Bearbeitung dieser Neuauflage des Buches habe ich, nach anfänglichem Zögern, viel verändert: gestrichen, ergänzt und neu geschrieben. Ich glaube, in Alois und meinem Sinne gehandelt zu haben. Das ►Kapitel „Bemerkungen zum Tod“ war aus meiner Sicht – als den Autor überlebende Koautorin – schwierig zu aktualisieren, hatte ich doch den Anspruch, dies angemessen und würdevoll zu tun. Aber ich wusste, dass sich Alois Burkhard schon zu Lebzeiten und nicht erst, nachdem er schwer erkrankte, mit dem Tod und dem Thema Loslassen beschäftigt hat. Er hat dabei religiöse und philosophische Aspekte einbezogen. Wichtig ist, dass Alois Burkhard sich nicht nur theoretisch mit dem Thema auseinandersetzte. Auch in schweren Phasen seiner Erkrankung, geprägt von Schmerzen und schwierigen Gedanken, hat er sich in beeindruckender Art und Weise seinem Schicksal hingegeben, sich auf seinen bevorstehenden Tod eingestellt und war bereit loszulassen.

Bemerkungen zum Tod

Die Internetsuchmaschine Google verzeichnet beinahe fünfzig Millionen Einträge zum Suchbegriff Tod.
Tod scheint also ein Thema zu sein für die Menschen. Wikipedia, die Enzyklopädie im Internet, umschreibt den Begriff wie folgt: „Der Tod ist der dauerhafte und endgültige Verlust der für ein Lebewesen typischen und wesentlichen Lebensfunktionen.“
Was die alles wissen.

Um eine endgültige Antwort zu finden, werden wir sterben müssen. Sterben in diesem Zusammenhang bedeutet nicht den körperlichen Tod, sondern die Aufgabe von allen Anhaftungen. Jede Aufgabe von Gewohnheiten, die wir vielleicht für unabdingbar halten, ist ein kleiner Tod. Wer das Rauchen aufgibt, weiß, dass damit eine Gewohnheit stirbt. Manchmal unter starken Entzugssymptomen, aber immer mit einem Abschied verbunden. Das gleiche gilt natürlich für alle Suchtmittel. Wie schwer es für einen Alkoholiker ist, dem Alkohol zu entsagen, wird in unzähligen Büchern beschrieben.

Wie grausam leiden Drogenabhängige, wenn sie beschließen, den Drogen zu entsagen? Wie schwer ist es für unter Einsamkeit leidende, die Einsamkeit zu verabschieden und sich dem Leben zuzuwenden? Wie schwer ist es, den Vergnügungen zu entsagen? Von schnellen Autos über Kaffeegenuss zum Sex. Von allen Konsumartikeln, die man nicht zum Überleben braucht. Wie schwer ist es zu entsagen?

All das sind kleine Tode, die Menschen sterben, wenn sie etwas aufgeben. Aber liegt nicht in jedem dieser Abschiede, dieser Tode, auch ein Beginn von etwas?

Die Menschen sind ständig auf der Suche nach einer Antwort, was der Tod eigentlich ist. Obwohl er doch in unserer Gesellschaft ein Tabuthema ist. Niemand spricht völlig natürlich in seinem Bekanntenkreis über den Tod, so wie er über seinen Urlaub spricht. Aber alle Menschen setzen sich vom Beginn ihres bewussten Denkens damit auseinander. Auch wenn alle so tun, als ob es nicht so wäre. Erst in Krisensituationen ist es scheinbar legitim, darüber zu reden.

Ein Gentlemen‘s Agreement von Millionen? Etwas an dieser Sache kann nicht stimmen, zeigt uns die ständige Suche nach Antworten zum Thema Tod doch ein anderes Bild. Bücher zum Thema Reinkarnation, Überleben der Seele und so weiter erreichen Millionenauflagen.

Es scheint die Menschen also zu beschäftigen. Kein Tag, an dem nicht auf irgendeinem Fernsehsender Reportagen oder Filme zu diesem Thema laufen. Trotzdem ist uns der Tod über all die Jahre hinweg immer fremder geworden. Wir planen unser Leben in allen Facetten und klammern dabei das Natürlichste der Welt, den Tod eben, aus.
Dabei erfahren wir den Tod jeden Tag, verwenden aber den Begriff nicht. Die Zellen unseres Körpers sterben zu fünfundneunzig Prozent innerhalb eines Jahres. Das Neugeborene, das Sie einmal waren, existiert nicht mehr. Wenn Sie es nicht glauben, holen Sie Ihren Strampelanzug wieder hervor. Der gestrige Tag verstirbt mit dem anbrechenden Morgen. Die vergangene Stunde ist nicht mehr. Man kann nicht leben, ohne zu sterben.
Alle wissen es, alle verdrängen es. Aber um bewusst leben zu können, müssen wir uns diesen Vorgang ständig bewusst machen. In jedem Abschied von etwas, egal ob von Dingen oder Personen, liegt ein Neubeginn. Auch wenn wir uns manchmal nicht vorstellen können, ohne die geliebten Personen um uns herum weiterleben zu können, so wird diese Vorstellung eines Tages Realität. Die Realität lehrt uns, dass es ein ständiges Weiterleben und Sterben gibt. Es ist ein und derselbe Vorgang. Nur wir Menschen trennen diesen Vorgang in zwei Teile. Erst wenn wir begriffen haben, dass es nicht das Gegenteil gibt, erfahren wir Frieden. Wie Krishnamurti es ausdrückt: „Solange wir uns vor dem Leben fürchten, werden wir uns auch vor dem Tod fürchten."
Vor kurzem habe ich von einem weisen Mann einen Beitrag zu diesem Thema gelesen. Sinngemäß ermahnt er uns, das Leben aus der Sicht eines Toten zu sehen. Was zunächst in meinen Ohren makaber klang, sprach mich nach einigem Nachdenken an.
Was wäre, wenn dieser Tag heute mein letzter wäre. Was würde ich tun? Als ich 2006 an Leukämie erkrankte, war dieser Tag beinahe da. Die Ärzte bekamen das Fieber, das

ich nach der ersten schweren Chemotherapie bekam, einfach nicht zum Absinken. Schwerste Schüttelattacken packten meinen geschwächten Körper so stark, dass das Bett wackelte. Das ging mehrere Tage so und an den Gesichtern der Ärzte und Schwestern meinte ich ablesen zu können, dass es nicht mehr lange gehen würde.
Was also noch tun in diesem Zustand? Gut, ich war im Krankenhaus, in einem Isolierzimmer, so geschwächt, dass sich die Frage gar nicht groß stellte. Wie mich also verabschieden von dieser Welt? Leider fiel mir nichts Passendes ein. Also lebte ich weiter. So einfach war das. Etwas würde sowieso weiterleben. Vielleicht kann man das, was weiterlebt, den Beobachter nennen. Etwas ist in uns, das mit uns spricht. Es ist nie völlig verzweifelt, es ist nie völlig mutlos, aber es ist immer weise und seine Ratschläge kann man bedenkenlos befolgen. Was ist es also? Mir fällt kein besserer Begriff ein als der des Beobachters.
Andere würden es vielleicht Seele nennen, andere wiederum würden es eventuell als Bauchgefühl bezeichnen. Aber es ist immer da und wenn wir es brauchen, meldet es sich. Es ist größer als die Summe dessen, was uns ausmacht und es ist unsterblich.
Für unsere eigene innere Haltung gilt vielleicht ganz besonders ein Satz von Sawaki Kōdō, der auf die Frage „Wie leben?“ sagt: „Pass dich deiner Umgebung an, mach den anderen eine kleine Freude. Leb dein Leben auf eine Weise, die es auch deinem Nachbarn erlaubt, zufrieden zu sein. Übe dich darin, wenn du mit deinen Eltern oder Kindern umgehst. Lebe dein Leben wie ein Toter – so wirst du niemandem auf die Nerven gehen.“

(aus Alois Burkhard: Achtsamkeit II – Bewusst leben. München: CIP-Medien 2008. Mit freundlicher Genehmigung von CIP-Medien.)

Innere Haltung zum Loslassen, Einstiegsübung

Einmal habe ich einen Spruch gehört, welcher mich einerseits berührt und andererseits irgendwie erschüttert hat: „Das Leben enthält einen Vorteil, einen Nachteil und ein Rätsel!“
Der Vorteil: „Geht es dir schlecht, das geht vorbei.“
Der Nachteil: „Geht es dir gut, das geht vorbei.“
Das Rätsel: „Worum geht es überhaupt?“

Lassen Sie den Spruch auf sich wirken. Welchen Nachhall hinterlässt dieser Spruch bei Ihnen? Es kann sein, dass Sie irritiert sind. Wenn dies der Fall ist, versuchen Sie herauszufinden, an welcher Stelle Ihres Körpers sich Irritation bemerkbar macht. Es ist möglich, dass Sie in Kontakt mit Gefühlen kommen. Um welche Gefühle handelt es sich? Wo genau findet das Gehörte Niederschlag auf der körperlichen Ebene? Atmen Sie ruhig weiter, mit allem, was sich darbietet. Strengen Sie sich nicht an, etwas Besonderes zu fühlen. Seien Sie einfach offen für alles, was sich darbietet. Falls Sie keine oder wenig Wahrnehmungen haben, nehmen Sie dies zur Kenntnis. Bleiben Sie noch eine Weile in der Übung und kommen Sie dann langsam zum Ende.

Vom Loslassen, Geschichte

Die zwei Mönche

Zwei Mönche begaben sich auf Wanderschaft. Eines Tages kamen sie an einen Fluss. Dort stand eine hübsche junge Frau. Sie wollte auf die andere Seite des Flusses gelangen, doch das Wasser war sehr tief. Die Frau konnte den Fluss nicht überqueren, ohne nass zu werden.

Ohne zu zögern, ging der eine Mönch auf die junge Frau zu, hob sie auf seine starken Schultern und brachte sie trocken ans andere Ufer. Dort setzte er sie wieder ab und die Frau ging ihrer Wege. Nachdem der zweite Mönch ebenfalls den Fluss überquert hatte, setzten sie ihre Wanderschaft fort.
Eine Stunde verging, in der beide schwiegen. Plötzlich sagte der zweite Mönch: „Es war falsch, dass du die Frau über den Fluss getragen hast. Wir sollen Frauen nicht zu nahe kommen, geschweige denn, sie berühren. Das ist verboten, das weißt du doch."
Der erste Mönch antwortete: „Ja, das stimmt, ich habe die Frau berührt, aber ich habe sie vor einer Stunde am Ufer des Flusses abgesetzt und *du* trägst sie immer noch in Gedanken mit dir herum."

(frei nach: The Wisdom of Zen Masters. Talk and Meditation. YouTube: Jon Kabat-Zinn).

Anhand dieser Geschichte wird das Prinzip des Loslassens deutlich. Wie der Mönch tragen wir häufig Erfahrungen oder Erlebnisse mit uns herum, noch lange, nachdem sie vergangen sind. Doch wenn wir uns mit Vergangenem befassen, können wir nicht gegenwärtig sein.
Nutzen Sie den Inhalt und den Nachhall dieser Geschichte, um in Ihrem Inneren in Kontakt zu kommen mit Menschen oder Ereignissen in Ihrem Leben, bei denen es zuträglich wäre, sich im Loslassen zu üben. Welche Situationen tauchen gedanklich und gefühlsmäßig auf? Versuchen Sie, nichts festzuhalten. Seien Sie offen für alles, was unter der Überschrift Loslassen erscheint.
Vielleicht gibt es Widerstände oder Traurigkeit. Bleiben Sie noch einen Moment in der Übung und atmen Sie in aller Ruhe mit dem Satz: „Ich und das Loslassen ..." oder „Ich lasse los." Beobachten Sie sehr genau, wo in Ihrem Körper Sie Reaktionen wahrnehmen können. Wichtig ist, dass Sie

nichts wegwünschen, sondern, wie schon erwähnt, den „roten Teppich“ ausrollen für etwas, was schon existiert. Am Ende der Übung suchen Sie eine Person oder ein Erlebnis heraus, bei welcher oder welchem Sie zeitnah mit dem Üben des Loslassens beginnen wollen.
Loslassen kann bedeuten, dass eine Person, die vielleicht wichtig für uns war, nicht mehr zur Verfügung steht. Bezogen auf Erlebtes kann es bedeuten, dass man etwas ungeschehen machen will oder rückwirkend verändern will. Machen Sie sich klar, dass das Loslassen für die meisten Menschen ein schwieriger Prozess ist, aber dass man daran arbeiten kann, einen besseren Umgang mit belastenden Themen zu finden.
Atmen Sie bewusst weiter und beenden Sie in einem beruhigenden Atemrhythmus langsam diese Übung. Nehmen Sie sich vor, sich zukünftig dem Loslassen nicht zu verschließen.

Die Kunst des Lebens als Kunst des „Lassens“

Stellen Sie sich darauf ein, sich mit drei wesentlichen Bedeutungen des Lassens zu befassen. Versuchen Sie, auch wenn dies ein schwieriges Thema ist, nicht korrigierend einzugreifen und sich nicht abzulenken. Spüren Sie, wo genau im Körper welche Reaktion auf dieses Wort stattfindet. Wie entwickelt die Wahrnehmung sich dort? Bleiben Sie innerlich offen, um Ihre Empfindungen nicht anders zu wünschen. Akzeptieren Sie Ihre Empfindungen so, wie sie sich einstellen.
Atmen Sie ruhig und konzentriert und achten Sie darauf, was die folgenden drei Worte in Ihnen bewirken. Nehmen Sie sich nach jedem Wort etwas Zeit und überprüfen Sie, wie Ihre innere Haltung zu diesem Thema ist. Öffnen Sie sich wie in einem Experiment in dieser Übung:

- Weglassen: Was genau sollten Sie in Ihrem Leben in welchen Bereichen weglassen? Was passiert auf der gedanklichen Ebene? Was spüren Sie bei diesen Überlegungen?
- Loslassen: Was genau sollten Sie in Ihrem Leben in welchen Bereichen loslassen? Was passiert auf der gedanklichen Ebene? Was spüren Sie bei diesen Überlegungen?
- Zulassen: Was genau sollten Sie in Ihrem Leben in welchen Bereichen zulassen? Was passiert auf der gedanklichen Ebene? Was spüren Sie bei diesen Überlegungen?

Wenn Sie sich mit allen dreien Arten des Lassens etwas Zeit genommen haben, konzentrieren Sie sich nun auf die Frage, mit welchem „Lassen“ Sie anfangen wollen. Welchem Themenbereich wollen Sie zukünftig mehr Raum geben? Was können Sie sich konkret vornehmen? Wie können Sie sich Erinnerungshilfen schaffen, um Ihr Vorhaben nicht aus dem Fokus der Aufmerksamkeit zu verlieren? Bei *was* und/oder bei *wem* wollen Sie zum Beispiel das Zulassen üben? Versuchen Sie, dies so freundlich und konkret wie möglich vor Ihrem inneren Auge zu entwickeln und es sich gegebenenfalls später, nach der Übung aufzuschreiben.
Wiederholen Sie diese Übung mehrfach. Es gibt Veränderungen, welche einem manchmal erst während des Übens auffallen oder bewusst werden.
Konzentrieren Sie sich nun wieder auf Ihren Atemfluss und anschließend auf Geräusche, die Sie wahrnehmen, um so mit der Übung abzuschließen.

Was Loslassen heißt

Loslassen kann so viel bedeuten:
- … nicht an Gewohnheiten oder Menschen klammern.
- … bei aller Spannung wieder entspannen, bei aller Aufregung wieder zur Ruhe kommen.

- … abgeben können, wenn es so weit ist.
- … nicht Dinge begehren, die wir nicht brauchen.
- … Mitmenschen so lassen können, wie sie in Wirklichkeit sind.
- … erkennen, dass wir rückwirkend Dinge oder Erlebtes nicht verändern können, dass wir uns manchmal Neuem nur öffnen können, wenn wir mit Altem abschließen.

Das Loslassen ist uns durchaus bekannt: Manchmal gibt es vor dem Einschlafen einen kurzen Moment, in dem wir zwar noch halb wach und in Gedanken zu sein scheinen, aber sich alles schon wie gefiltert oder fern und dumpf anfühlt. Wenig später sind wir in den Schlaf gefallen und haben alle Gedanken zu Gunsten des Schlafes losgelassen.
Jahreszeiten machen das Loslassen sehr eindrücklich spürbar. Denken Sie doch mal darüber nach, welche Jahreszeit Sie favorisieren, wie Sie sich unglaublich darauf freuen. Wie fühlt es sich an, wenn die darauffolgende, vielleicht nicht so geliebte Jahreszeit beginnt? Wenn Sie beispielsweise den Herbst mögen, sich in den letzten noch warmen Sonnenstrahlen baden, die Farbenpracht und die Früchte des Herbstes genießen und es dann so langsam kühler, feuchter und dunkler wird. In der Natur neigt sich alles langsam der winterlichen Ruhepause entgegen, behutsam, leise und ohne Trauer. Man erwischt sich dabei, wie man sich zurücksehnt in die wärmeren und helleren Tage. Aber unabhängig von dem, was wir wünschen, nehmen die Dinge ihren natürlichen Lauf. Ich kann zwar gedanklich noch im Sommer oder Herbst leben, aber gegenwärtig findet etwas anderes statt. Loslassen meint ja immer wieder im Hier und Jetzt ankommen. Bezogen auf die Jahreszeit könnte die Herausforderung sein, sich im Erleben der neuen Jahreszeit, in diesem Beispiel dem Winter in all seinen Erlebensqualitäten, nicht zu verschließen, sondern zu öffnen.

Vielleicht unternehmen Sie einen Spaziergang, dick eingemummelt bei Sturm und Schnee, genießen hinterher einen warmen Tee, die Gemütlichkeit von Kerzenschein und vieles mehr. Wünschen Sie den Winter nicht weg, sondern öffnen Sie sich ihm. Dies ist die Jahreszeit, welche Ihnen in diesem Moment zur Verfügung steht.

Loslassen, Einstiegsübung in der Gruppe

Alle Teilnehmer der Gruppe nehmen ein DIN-A4-Blatt und reißen es in sehr viele kleine Schnipsel. Jede Person steckt die entstandenen Schnipsel ein. Man geht gemeinsam zu einem Fluss oder, wenn es windig ist, auf einen Acker oder Berg. Dort beginnt die Übungszeit.

Alle sitzen oder stehen nebeneinander und üben zunächst, sich auf Geräusche und den Atem zu konzentrieren. Immer wenn ein Gedanke, jedwelcher Art, auftaucht und die Aufmerksamkeit vom Atem und dem achtsamen Hören weggeht, wird ein Schnipsel fallen gelassen, entweder ins Wasser oder in die Luft. Im Vorfeld wurden die Teilnehmer schon darauf vorbereitet, dass es wahrscheinlich höchstens drei Sekunden dauert, bis die ersten Schnipsel fliegen. Alle versuchen, nicht zu bewerten, sondern üben, ihre Gedanken an die Papierschnipsel zu koppeln, diese gehen zu lassen und danach die Aufmerksamkeit wieder neu auszurichten. Jeder übt mit maximaler Freundlichkeit oder mit Humor. Diese Übung verdeutlicht jedem Teilnehmer, dass er nicht allein vor der Tatsache steht, sich schnell in Gedanken zu verlieren und die Aufmerksamkeit nicht halten zu können. Wer die Aufmerksamkeit nicht halten kann, übt, mit der Aufmerksamkeit zurückzukehren. Das ist der erste und auch der wichtigste Schritt, denn das Problem wurde erkannt.

Im Rahmen der Kunsttherapie kann ein Gruppenbild zum Thema Loslassen gemeinsam gestaltet werden. Es wird in kleine Einzelteile gerissen und gleichberechtigt unter den Gruppenmitgliedern aufgeteilt. Danach geht die Übung, wie oben beschrieben, weiter. Da das Bild gemeinsam innerhalb der Gruppe entstanden ist, wird damit der kollektive Charakter des Loslassens unterstrichen.

Loslassen – was wir alle müssen

Wir möchten so viel festhalten: Die fröhlichen Augenblicke, die erzielten Erfolge, die unvergesslichen Begegnungen, die glücklichen Stunden des Lebens. Und wir müssen loslassen: an jedem Abend das Licht des Tages, an jedem Morgen die Ruhe der Nacht, bei jedem Aufbruch das vertraute Zuhause, bei jedem Schmerz das unbeschwerte Leben.
Wir möchten so viel verwirklichen: uns und anderen das Leben schön machen, für eine bessere Zukunft sorgen, gegen Ungerechtigkeit kämpfen, in einer kalten Welt Wärme verbreiten. Und wir stoßen hilflos an Grenzen. Unvorhersehbares kommt dazwischen, wir müssen von Träumen Abschied nehmen, wir müssen loslassen.
Loslassen ist schwer. Alle Angst im Leben geht letztlich zurück auf die Angst vor dem Tod. Weil der Mensch so fest am Leben hängt, verursacht das Loslassen so viel Schmerz. Am Ende unseres Lebens gibt es nur eine einzige Lösung: alles loszulassen und mich ganz in das Geheimnis dessen fallen lassen, was nach dem Leben kommt – was immer es sein mag.

(Quelle unbekannt)

Lassen Sie diese Gedanken auf sich wirken und bleiben Sie für einige Minuten in der Stille.

Loslassen, Abschiedsrituale bei Trauer

Ich habe sehr positive Erfahrungen mit Ritualen zum Umgang mit Trauer bei Verlusten und Abschieden gemacht. Es handelt sich hier sowohl um eigene, als auch um Erfahrungen in der Arbeit mit Patienten.
Zum Verständnis: Rituale bedeuten für mich eine symbolische Handlung mit manchmal gestalterischen Elementen in einer fest vorgegebenen oder selbst vorgenommenen Form. Sie geschehen vor dem Hintergrund, etwas Verlorenes loszulassen. So gibt es für die wechselnden Jahreszeiten auch Rituale, beispielsweise ein Feuer machen, um den Winter auszutreiben. Rituale verleihen etwas einen Ausdruck. Es ist das Unterstreichen davon, etwas Altes hinter sich zu lassen, um sich auf etwas Neues einzustellen.
Rituale dienen zur Verdeutlichung in einer Übergangs- oder Schwellensituation. Sie haben begleitenden Charakter und eine lösende Funktion. Häufig ist es so, dass durch das Zelebrieren eines Abschiedsrituales der betroffene Mensch seine Traurigkeit quasi im Rahmen dieses Rituales zulassen, aber auch portionieren kann. Das Ritual kann somit die dazugehörigen Gefühle aktivieren. Die betroffenen Menschen tragen auch Kräfte in sich, die zu einem Zeitpunkt verschüttet sind und nicht zur Verfügung stehen, dadurch aber aktiviert werden können.
Der Verlust durch einen Tod zieht Vieles nach sich: Verwirrung, Schock, Verdrängung, Gedanken wie „nie wieder“, Verleugnung, Schuldgefühle, selbst überlebt zu haben. Das prägt die Verlustphase. Jeder, der schon einmal einen ihm nahestehenden oder geliebten Menschen verloren hat, weiß, was gemeint ist. Nach dem Tod gibt es viele Rituale, welche für Behandler oder Angehörige hilfreich sind, indem sie eine Struktur vorgeben. Sie tragen dazu bei, in schweren Zeiten handlungsfähig zu sein, sei es die Waschung des Leichnams, die Vorbereitung und der Ablauf

der Beerdigung. Alles hat seinen festen Platz. Das stabilisiert und tröstet. Natürlich sind gelebte Rituale eingebunden in einen gesellschaftlichen oder religiösen Kontext. Das verbindet und entlastet.
„Rituale sind handlungsentlastend" ein Ausspruch von Jon Kabat-Zinn während eines Retreats. Diese Worte spiegeln die große Bedeutung von Ritualen wieder. Registrieren Sie, wo und warum Rituale in der Gesellschaft oder in Ihrem Leben stattfinden. Ein Ritual erleichtert es, in einer schwierigen Situation angemessen zu reagieren, da man sich über passende Verhaltensweisen und ihre Abfolge keine Gedanken mehr machen muss.
Die folgenden Rituale zeigen beispielhaft, wie man das Loslassen anbahnen und unterstützen kann.

Schwimmende Kerzen, Ritual für eine Gruppe

Als vor einigen Jahren eine nahestehende Kollegin an Leukämie erkrankte und starb, hat zunächst jeder versucht, einen eigenen Umgang mit dem Verlust zu finden. Dann haben wir uns als Abteilung entschieden, ein Abschiedsritual durchzuführen. Ein Kollege hat schwimmende Kerzen in Pergamentpapier besorgt. Wir haben uns am Ufer des Rheins verabredet. Das meiste passierte in Stille und einem Gefühl von tiefer Verbundenheit. Es wurde eine Rede gehalten, aber der Prozess, die Lichter anzuzünden, sie zum Wasser zu tragen und schwimmen zu lassen, war ein unglaublich verbindender und tröstender, wenn auch sehr trauriger Moment. Jeder war sich selbst überlassen, aber auch ein Teil der Gemeinschaft. Während die schwimmenden Kerzen sich langsam von uns entfernten, waren wir sehr still. Es wurde viel geweint. Wir schauten den Kerzen solange nach, bis wir sie nicht mehr sehen konnten, bis sie in der Dunkelheit, dem Fluss oder am Horizont verschwanden … Loslassen … Danach versuchten wir, ähnlich wie bei Beerdigungen, uns dem Moment und dem Leben, das ja weitergeht, zu widmen. Das funktionierte anfangs sehr zögerlich, wurde dann aber zu einem wichtigen gemeinsamen Erlebnis. Wider Erwarten wurde auch gelacht.

Brief im Fluss, Ritual

Ich hatte kürzlich eine Patientin, welche sehr unter dem Tod ihrer Stiefmutter, der vergangenes Jahr war, litt. Sie fühlte sich nicht in der Lage, sich mit diesem Tod auseinanderzusetzen. Sie hatte Angst, dass die Traurigkeit, einmal angefangen, nie mehr aufhören würde. Im Rahmen der Therapie äußerte sie den Wunsch, einen Brief an die Verstorbene zu schreiben. Es gab vieles, was nicht mehr gesagt werden konnte, da die Patientin zum Zeitpunkt des Todes nicht bei ihrer Stiefmutter sein konnte. Das hatte sie sich sehr zu Herzen genommen. Sie formulierte die noch ungesagten Dinge mit großer Traurigkeit in einem Brief. Wir entschieden, den Brief klein zu falten, ihn in eine kleine Dose zu legen und diese zuzukleben. Ich bewahrte die Dose einige Tage auf meinem Schreibtisch auf, bis sich die Patientin entschließen konnte, sich von dem Brief zu trennen. So übergaben wir die Dose gemeinsam, unter erschwerenden Wetterbedingungen (Schnee, Kälte, graues Licht), dem Wasser des Neckars. Wir warteten, bis sie nicht mehr zu sehen war. Die Patientin war sich darüber bewusst, dass die Dose und der Brief sich irgendwann auflösen würden.
Es war eine von Trauer getragene Handlung, die eine längere Weile gedauert hat. Nach einer Woche war die Patientin so mutig, sich nochmal an diesen Ort zu begeben. Sie löschte die noch gespeicherte Handynummer ihrer Stiefmutter. Das war ein großer Schritt, der einerseits entspre-

chende Emotionen nach sich zog, andererseits die innere Kraft der Patientin aktivierte.
Eine Hausaufgabe der Patientin war, sich bewusst an die verstorbene Person zu erinnern. Das sollte sie möglichst an das Beobachten eines fließenden Gewässers koppeln und so üben, dem Gefühl der Trauer zu begegnen.
Natürlich ist die Trauer nicht vorbei, wenn man ein Ritual dazu durchlebt hat. Aber das Ritual ermöglicht eine portionierte Auseinandersetzung mit dem Thema. Das hilft dabei, den Prozess des Loslassens zu unterstützen.
Wenn man als begleitende Person an einem Abschiedsritual teilhat, ist man natürlich auch sehr bewegt, da es eigene Verluste reaktiviert.

Gemeinsames Bild, Ritual für Gruppen

Dieses Ritual eignet sich besonders für Trauergruppen.
Es ist das Ziel, ein großes gemeinschaftliches Bild entstehen zu lassen, um noch einmal den gemeinsamen Weg mit dem Verstorbenen zu durchleben. Das bedeutet, alle Anwesenden erinnern sich gemeinsam an die Person und ein bestimmtes Ereignis des gemeinsamen Weges oder an einen persönlichen Verlust. Dies kann im Rahmen einer Achtsamkeitsübung eingeleitet werden. Ein größeres Blatt (DIN-A2-Format) wird in ungefähr gleichgroße Quadrate unterteilt. Jede Person nimmt sich Farben (z. B. Pastellkreiden), die sie mit diesem Ereignis in Verbindung bringt, und gestaltet eines der Kästchen. Wer mag, kann über das Ereignis sprechen. Häufig wird in Stille gearbeitet und auch geweint. Wie jeder sein Kästchen gestaltet, kann vorgegeben sein oder durch freies Malen ersetzt werden. Abstraktes Malen ist oft näher mit unserem emotionalen Erleben in Verbindung zu bringen, aber auch gegenständliches Malen kann zu einem wunderschönen Gemeinschaftsbild führen und ein Gruppenerlebnis sein.

Mit dem fertiggestellten Bild kann unterschiedlich umgegangen werden. Manche Gruppen entscheiden sich dafür, das Bild aufzuhängen, andere wollen es dem Wasser überlassen. Auch Verbrennen ist manchmal ein gutes Ritual. Die Erfahrung zeigt, dass die Gruppen genau spüren, wie sie gut mit dem Loslassen umgehen. Sich zu einigen stellt, erstaunlicherweise, trotz des schwierigen Themas, kein Problem dar. Die Gruppensitzung kann mit einer Achtsamkeitsübung beendet werden.

Carpe diem, Geschichte

Lesen oder hören Sie die folgende Geschichte und lassen Sie den Inhalt auf sich wirken.

Mein bester Freund öffnete die Kommodenschublade seiner Ehefrau und holte ein in Seidenpapier verpacktes Päckchen heraus. Es war nicht irgendein Päckchen, es enthielt eine wunderschöne Seidenbluse. Er warf das Papier weg und betrachtete die Seide. „Dies kaufte ich, als wir zum ersten Mal in New York waren. Das ist jetzt acht oder neun Jahre her. Sie trug die Bluse nie. Sie wollte sie für eine besondere Gelegenheit aufbewahren. Und jetzt, glaube ich, ist der richtige Moment gekommen."
Er näherte sich dem Bett und legte die Seidenbluse zu den anderen Sachen, die vom Beerdigungsinstitut mitgenommen wurden. Seine Frau war gestorben. Als er sich zu mir umdrehte, sagte er: „Bewahre nichts für einen besonderen Anlass auf. Jeder Tag ist ein besonderer Anlass."
Ich denke noch immer an diese Worte – sie haben mein Leben verändert.
Heute lese ich viel mehr als früher und putze weniger. Ich setze mich auf meine Terrasse und genieße die Landschaft, ohne auf das Unkraut im Garten zu achten.

Ich verbringe mehr Zeit mit meiner Familie, meinen Freunden und weniger Zeit bei der Arbeit. Ich habe begriffen, dass das Leben eine Sammlung von Erfahrungen ist, die es zu schätzen gilt.
Von jetzt an bewahre ich nichts mehr auf. Ich benutze täglich meine Kristallgläser. Wenn mir danach ist, trage ich meine neue Jacke, um in den Supermarkt zu gehen.
Auch meine Lieblingsdüfte trage ich dann auf, wenn ich Lust darauf habe, anstatt sie für besondere Tage aufzuheben.
Begriffe wie „eines Tages“ oder „an einem der besonderen Tage“ oder „nur an Festtagen“ sind dabei, aus meinem Vokabular verbannt zu werden. Wenn es sich lohnt, will ich die Dinge hier und jetzt sehen, hören und machen. Ich bin mir nicht ganz sicher, was die Frau meines Freundes gemacht hätte, wenn sie gewusst hätte, dass sie morgen nicht mehr sein wird. Vielleicht hätte sie noch ihre Familie oder einige Freunde angerufen, vielleicht hätte sie Leute angerufen, mit denen sie sich versöhnen oder für alte Streitigkeiten entschuldigen wollte. Der Gedanke, dass sie vielleicht noch chinesisch essen gegangen wäre (ihre Lieblingsküche), gefällt mir sehr.
Es sind diese kleinen unerledigten Dinge, die mich vielleicht stören würden, wenn ich wüsste, dass meine Tage gezählt sind. Dass ich meine Freunde nicht besucht habe, obwohl ich das schon lange tun wollte, dass ich die Briefe nicht geschrieben habe, die ich schon lange hatte schreiben wollen, dass ich meinen Nächsten nicht oft genug gesagt habe, wie sehr ich sie liebe.
Heutzutage verpasse, verschiebe und bewahre ich nichts mehr, was Freude und Lächeln in unser Leben bringen könnte. Ich sage mir, dass jeder Tag etwas Besonderes ist. Dass diese Stunde, diese Minute nicht wiederkehrt. Carpe diem, nutze den Tag.

(Quelle nicht bekannt)

Nachwort

Wir glauben häufig, mit unserem Denken allein könnten wir Lösungen finden. Wir schmieden Pläne und versuchen, willentlich Einfluss zu nehmen, wohl wissend, dass das Schicksal manchmal etwas anderes mit uns vor hat. Ich erinnnere noch einmal an den wunderbaren Spruch vom über unsere Planung lachenden Schicksal im ▶ Kapitel „Vertrauen“. Lösungen kommen manchmal einfach zu uns. Es ist so, als hätten Sie etwas verloren. Sie suchen überall und können es nicht finden. Sie geben irgendwann auf, es ist eben weg. Genau in diesem Moment taucht die Idee auf, wo es liegen könnte. Erst wenn wir aufgeben, eine Lösung zu finden, tut sich häufig doch eine auf. Ein befreundetes Pärchen wollte unbedingt schwanger werden. Sie unterzogen sich den üblichen Prozeduren, bis man ihnen sagte, dass sie unfruchtbar seien. Sie haben daraufhin zwei Kinder adoptiert. Später bekamen sie selbst Zwillinge. Wer weiß schon, ob das auch etwas mit Loslassen zu tun haben könnte?

„Vertrauen, dass sich die Dinge entwickeln“ – Das wirkliche Leben ist ein Leben aus dem Nicht-Wissen heraus, es ist ein Leben, dass nicht von einer irrealen Welt träumt, es ist ein Leben im Augenblick, ohne Konzepte und ohne Vorstellungen. Konzepte sind Idealvorstellungen und Gedankenkonstrukte, nicht selten zum Scheitern verurteilt. Auch wenn wir sicher sind oder glauben, dass sie uns tragen und helfen, das Leben zu bestehen. Sie loszulassen ist daher nicht einfach. Obwohl sie nur in unserem Kopf existieren, fühlen sie sich wirklich an. Dabei bewegt man sich eher auf einer dünnen Eisdecke, ohne die Sicherheit zu haben, dass es trägt.

Jede gedachte Sicherheit ist nur eine scheinbare Sicherheit. Aber häufig glauben wir an diese „Pseudosicherheit“ und richten unser gesamtes Leben danach aus. Dies führt dazu, dass wir anfangen, unser Leben abzusichern und uns an Dinge und Pläne zu klammern. Wenn wir dies eine längere

Zeit tun, läuft unser Leben wie ein Automatismus: Wir werden unflexibel und übersehen Dinge. Sie können vor lauter Planung und Kontrolle gar nicht mehr gesehen oder erlebt werden. An dieser Stelle sei an die Geschichte von dem Tiger und der Erdbeere aus dem ▸Kapitel „Das Jetzt“ erinnert.
Achtsamkeit bedeutet für mich: Aus der Vergangenheit heraustreten und noch nicht in der Zukunft sein wollen oder müssen (erarbeitet bei einem Retreat mit Jon Kabat-Zinn).

Persönliches Nachwort

Mir hat das Bearbeiten des Buches sehr viel Spaß gemacht. Anfänglich fiel es mir schwer einzusteigen, mich in Vorhandenes einzufügen und meinen langjährig gemachten Erfahrungen Raum zu geben. Beim Schreiben ist mir Vieles bewusst geworden und ich habe eine Menge gelernt. Zeitweise habe ich mich auch zu sehr in einzelne Kapitel verbissen, die Arbeit stagnierte, entwickelte sich dann, Schritt für Schritt.
Mein größtes Problem beim Schreiben des Buches waren die immer wieder auftauchenden Selbstzweifel, weil ich mich mit dem verstorbenen Autor nicht mehr austauschen konnte. Schon bei der Erstausgabe war ich umfangreich beteiligt, jetzt habe ich versucht, den Kern des Buches zu erhalten. Ein Buch zu schreiben ist, wie Alois Burkhard in seinem Nachwort sagt, vergleichbar mit einer Lebensreise. Ähnlich wie im Leben hat man oft den Eindruck, dass es nie perfekt ist, nie vollendet oder nie genug. Immer wieder tauchen Ideen und Veränderungen auf. Der spanische Schriftsteller Antonio Machado hat einmal gesagt: „Wanderer, es gibt keinen Weg, der Weg entsteht beim Gehen.“ So ähnlich ist es mit dem Leben und dem Schreiben eines Buches. Man weiß nicht, wo es hingeht, man hat Ideen,

Entwürfe und dann ändert sich doch wieder alles. Man beginnt erst mal, entwirft einen groben Rahmen und macht Teilschritte, stellt fest, dass es so gar nicht passt und beginnt wieder neu. Wenn man ein Buch schreibt, ist der Text vielleicht mal abgeschlossen, dann kommt jemand, der seine Bedenken mitteilt, auf Fehler hinweist, inhaltlicher oder formaler Art. Man gerät unter Druck, ob man alle Ratschläge berücksichtigen soll.
Irgendwann kommt der Punkt, wo man auf jegliche Ratschläge verzichtet, sich zurückzieht und sich sicher fühlt. Es ist der Moment, bei dem sich das Geschriebene im Inneren (überwiegend) „richtig“ anfühlt. Das ist ein wunderbarer Moment, denn man ist nicht mehr so anfällig für Impulse von außen.
Mein Bestreben war es nicht, ein perfektes Buch zu schreiben. Mein Wunsch war es, eine Verbindung herzustellen zwischen der 1. Auflage und dieser Neuausgabe und ebenso eine Verbindung zwischen Achtsamkeit und Kunsttherapie. Ich wollte die Chance nutzen, meine persönlichen Erfahrungen, Übungen, Geschichten und Gedanken einfließen zu lassen.
Wenn Sie das Buch oder einzelne Kapitel gelesen haben, werden Sie merken, dass man mit einem Buch versucht, den Leser an eigenen Gedanken und Erfahrungen teilhaben zu lassen. Aber so wie Sie, lieber Leser, mit Ihren Emotionen manchmal oder häufig Probleme haben, so geht es mir natürlich auch hin und wieder – wie sollte ich auch sonst darüber schreiben können.
Der Weg entsteht beim Gehen. Wir sind alle auf einer Lebensreise, wie es der Name schon sagt: Leben und Reise. Weder vom Leben noch von der Reise wissen wir, wie etwas endet. So ist es auch mit dem Buchschreiben.
An dieser Stelle sei noch einmal an die zu Beginn des Buches von Ihnen beantworteten Fragen hingewiesen, welche Sie in einem Umschlag achtsam aufbewahren sollten.

Es ist interessant, wie sich Dinge und Ziele entwickeln, wenn man sich in Achtsamkeit übt, aber urteilen Sie selbst.

Ein Ausblick

Das Rheinische Grundgesetz ist so alt wie die Zehn Gebote. Aber es wurde nie in Stein gemeißelt. Es ist ein in jeder Situation unmittelbar geltendes Gewohnheitsrecht, je nach Situation in wechselnder Ausprägung. Ich empfinde das Rheinische Grundgesetz als Lebenshilfe. Man muss kein Rheinländer sein, um sich darin wiederzufinden. Da es in einigen Auszügen so nah an der wissenschaftlichen Psychotherapie und dem neuen Weg zu mehr Achtsamkeit im Leben ist, überlasse ich Sie hier einigen übersetzten Ausschnitten daraus:

Artikel 1
Et es wie et es.
Sieh den Tatsachen ins Auge!
Achtsam wahrnehmen, was ist.

Artikel 2
Et kütt wie et kütt.
Habe keine Angst vor der Zukunft!
Radikale Akzeptanz und Chaos durch Planung und Vertrauen vorbeugen.

Artikel 5
Et bliev nix wie et wor.
Loslassen, sei offen für Neuerungen!

Artikel 7
Wat wellste maache?
Füge dich in dein Schicksal!